生命科学核心课程系列教材

# 生物化学实验

（第二版）

王林嵩　张丽霞　主编



科学出版社
北京

## 内 容 简 介

本书在第一版的基础上，根据应用中发现的问题及生物化学实验的进展做了修改。全书分为四部分，包括44个实验。基础性实验部分重在基本实验技能的培训；综合性实验部分着重实验原理的应用和提高分析能力。这两部分涵盖了与生物化学理论相适应的生物化学实验内容和技术，包括糖、脂、蛋白质、核酸、酶、维生素的分离、纯化、定性或定量分析，功能和代谢的研究等。设计性实验部分在前两部分的基础上为学生提供一个独立实验的空间，着重培养学生的独立科研能力。附录介绍了生物化学实验室规则、实验报告书写、常用实验室操作规范、试剂的配制和一些生物化学常用数据。

本书可作为普通高等师范院校及非师范院校本、专科生命科学各专业及农学、食品各专业的生物化学实验教材，也可作为中学生物教师的参考用书。

**图书在版编目(CIP)数据**

生物化学实验/王林嵩，张丽霞主编.—2版.—北京：科学出版社，2013
生命科学核心课程系列教材

ISBN 978-7-03-037758-6

Ⅰ.①生… Ⅱ.①王… ②张… Ⅲ.①生物化学-实验-高等学校-教材
Ⅳ.①Q5-33

中国版本图书馆CIP数据核字(2013)第124033号

责任编辑：王玉时／责任校对：张凤琴
责任印制：赵 博／封面设计：迷底书装

科学出版社出版
北京东黄城根北街16号
邮政编码：100717
http://www sciencep com
固安县铭成印刷有限公司印刷
科学出版社发行 各地新华书店经销
*
2007年9月第 一 版 开本：787×1092 1/16
2013年6月第 二 版 印张：10 1/2
2025年1月第十八次印刷 字数：263 000

**定价：39.80元**

(如有印装质量问题，我社负责调换)

# 《生物化学实验》编委会名单

**主　编**　王林嵩　张丽霞

**副主编**　仉晓文　马克世　王　丽

**编　委**　（按姓氏笔画排序）

马克世　王　丽　王林嵩

王俊甫　仉晓文　过治军

张丽霞　武安泉

# 第二版前言

本书第一版自2007年出版以来，历经5次印刷，一直受到各大高等院校师生和广大读者的欢迎，促进了生物化学实验课程教学，普及了生物化学实验技术。

在当今科学界，生物化学是发展最快的学科之一，生物化学实验也相应有了新的发展。随着生物科学的发展，生物化学实验不断显示出它的重要性，面对学科不断发展的趋势，总结笔者的教学经验和体会，征求其他教学单位和读者的意见，很有必要对本书第一版内容进行删改、补充，使它成为一本更好的生物化学实验课教材，以满足学生和相关人员的学习、参考之用。

再版的编写原则仍然是适应新的实验教学体系，本着少而精，把握基础性、代表性和实用性等原则对第一版的实验内容进行修订，删去了部分目前相对应用较少的内容，补充和引进了一些新的实验方法和技术。

本书沿用第一版格局分为四部分。第一部分为基础性实验，着重于学生基本技能训练；第二部分为综合性实验，着重于学生实验能力的提高；第三部分为设计性实验，着重于学生科研能力和创新能力的培养；附录部分介绍了生物化学实验室规则、实验报告书写、常用实验室操作规范、试剂的配制和一些生物化学常用数据。这些内容对学生的课后学习提供了有力支持。

本书的编写是采用集体讨论，分别执笔的方式，由主编和副主编统稿，其中张丽霞编写实验1至实验14，仉晓文编写实验15至实验27，过治军编写实验28至实验39，王俊甫编写实验40至实验43，马克世和武安泉编写实验44和附录。王可可同学在文字录入等方面做了大量工作，在此表示感谢。

鉴于笔者的水平有限，不足之处在所难免，欢迎读者批评指正。

编　者

2013年3月

# 第一版前言

生物学是一门对实验技术依赖性很强的学科。生物技术的任何一项发明创造，都推动和伴随着生物学基础理论的进一步发展。20 世纪中期的生物学已经进入分子生物学水平，这是与生物化学技术和方法的迅猛发展分不开的。师范院校的生物化学实验教学用书有很多，但若是从适合于地方性普通高等院校教学的角度来说，总感觉找一本合适的教材不容易，不同学校其设备条件、师资和学生情况均不相同，教学要求也有差异。为此，笔者在参考兄弟院校实验教材的基础上，根据多年的教学经验，结合教学改革的要求，编著这本教材。

本书的特点是力求全面培养学生的实验技能，使其能正确地理解实验原理和较好地掌握生物化学技术和方法。适应新的实验教学体系，实验内容少而精，既适合普通高等院校生物化学实验教学，又能留给老师和学生一定的发挥空间。本书不仅是一本教材，也可作为实验记录。在内容的安排上基础性实验和综合性实验包括普通生物化学的各章节相应的实验，设计性实验仅涵盖部分章节内容，重点在于创新能力的培育，既有前沿性，又有实用性。附录介绍了生物化学实验室守则、实验报告书写、常用实验室操作规范、试剂的配制和一些生物化学常用数据。每一实验后的“思考题”，有助于学生在实验前后进行思考和总结提高。

本书的编写是采用集体讨论，分别持笔的方式，其中李成伟编写实验一至实验六，胡炳义编写实验七至实验十七，王丽编写实验十八至实验二十八，王琳和靳同霞编写实验二十九至实验三十五和附录。鉴于笔者水平有限，不足之处是难免的，欢迎批评指正。

# 目 录

## 第三部分 设计性实验

# 第一部分　基础性实验

# 实验1

# 纸层析法分离氨基酸

【实验目的】

掌握分配层析的原理；学习氨基酸纸层析法的操作技术(包括点样、平衡、展层、显色、鉴定及定量)；学习未知样品的氨基酸成分分析的方法(水解、层析及鉴定)。

【实验原理】

层析法又叫色层分离法、色谱分析法或色谱法。1903年俄国化学家茨维特(M. Tswett)将叶绿素的石油醚溶液通过$CaCO_3$管柱，并继续以石油醚淋洗，由于$CaCO_3$对叶绿素中各种色素的吸附能力不同，色素被逐渐分离，在管柱中出现了不同颜色的谱带或称色谱(chromatogram)，因此称为色层分离法。1931年有人用氧化铝柱分离了胡萝卜素的两种同分异构体，显示了这一分离技术的高度分辨力，从此引起了人们的广泛注意。自1944年应用滤纸作为固定支持物的“纸层析”诞生以来，层析技术的发展越来越快，20世纪50年代开始，相继出现了气相色谱和高效液相层析，其他如薄层层析、亲和层析、凝胶层析等也迅猛发展。层析分离技术操作简便，样品用量可大可小，既可用于实验室分离分析，又适用于工业生产中产品的分析制备。层析法的最大特点是分离效率高，它能分离各种不同性质及类似的物质，而且既可以用于少量物质的分析鉴定，又可用于大量物质的分离纯化制备。现已成为生物化学、分子生物学、生物工程等学科广泛应用而又必不可少的分析工具之一。

根据固定相基质的形式分类，层析可以分为纸层析、薄层层析和柱层析。纸层析是指以滤纸作为基质的层析。薄层层析是将基质在玻璃、塑料或金属板等光滑表面辅成一薄层，在薄层上进行层析。柱层析则是指将基质填装在管中形成柱形，在柱中进行层析。

根据流动相的形式分类，层析可以分为气相层析和液相层析。气相层析是指流动相为气体的层析，而液相层析是指流动相为液体的层析。

根据分离的原理不同分类，层析主要可以分为吸附层析、分配层析、凝胶过滤层析、离子交换层析、亲和层析等。

纸层析所依据的原理是分配层析，故属于分配层析的范畴。

(一) 分配层析

分配层析法是利用不同的物质在两个相混而互不相溶的溶剂中的分配情况不同而使之得到分离的方法。将分配层析法中的一种溶剂设法固定起来，再用另外一种溶剂来冲洗这个固定溶剂，同样可达到将不同物质分离的目的。把固定起来的溶剂称为固定相，把用作冲洗的溶剂叫做流动相。为了将固定相固定起来,需要有一种固体物质把它吸牢,这种固体物质本身对分离不起什么作用,对溶质也几乎没有吸附能力,称为支持物或基质。进行分离时由于被分离物质的组分在两相中的分布不同,因此当流动相移动时,不同组分移动的速度也不相同。易溶于流动相中的组分移动快,在固定相中溶解度大的组分移动慢,于是得到分离。分配层析法中不同溶质的分离取决于其在两相(固定相和流动相)间分配系数的不同,分配系数($\alpha$)的定义如下:

$$\alpha=\frac{溶质在固定相的浓度(C_S)}{溶质在流动相的浓度(C_L)}$$

滤纸层析法是以滤纸作为惰性支持物的分配层析。滤纸的成分是纤维素,纤维素的—OH为亲水性基团。因此,可吸附一层水或其他极性溶剂作为固定相。通常把有机溶剂作为流动相。当将溶质样品(被分离物)点在滤纸的一端后,该物质溶解在吸附于支持物上的水分子或其他溶剂分子的固定相中,有机溶剂作为流动相自上而下移动,称为下行层析;反之,有机溶剂自下而上移动,称为上行层析。流动相流经支持物时固定相对溶质进行连续的抽提,物质在两相间不断分配即得到分离。滤纸层析原理还可进一步解释如下:可以把滤纸看成一个层析柱,又可把柱看成由许许多多连续的板层构成。如果有 A、B 两物质,A 的分配系数 $\alpha=1$,B 的分配系数 $\alpha=1/3$,又设固定相为 S,流动相为 L,两相互相接触而不相混溶,则当第一层流动相中加入单位量 A、B 两物质后,溶质根据一定分配系数在第一层的两相中分配(图 1-1)。流动相继续向下层移动,固定相与新流下的流动相之间进行第二次分配,溶质在原来第一层流动相与第二层固定相间进行分配,以此类推,不断进行分配,达到分离目的。

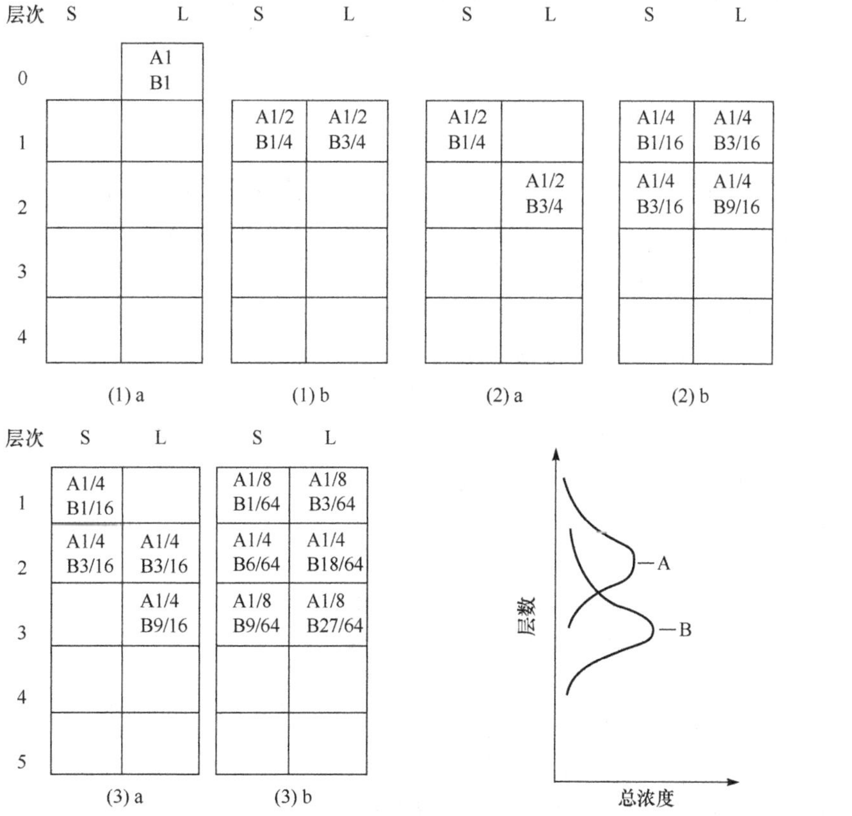


图 1-1 溶质在两相中的分配

S 为固定相;L 为流动相;A、B 为被分离的两种物质;a 为分配前;b 为分配后;(1)、(2)、(3)表示分配次数

物质分离后在图谱上的位置,可用比移值$R_f$来表示,$R_f$的定义:从溶质层析的起点(原点)到层析斑点中心的垂直距离与从原点到溶剂流动前沿的垂直距离的比值。公式如下:

$$R_f=\frac{\text{原点到层析点中心的距离}}{\text{原点到溶剂前沿的距离}}$$

物质在滤纸上的移动情况与分配柱层析法一样,也遵守如下关系式:

$$R_f=\frac{A_L}{A_L+\alpha A_S}$$

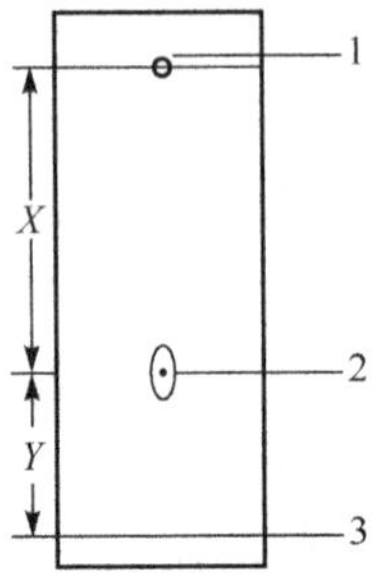


图 1-2　层析图谱

1 为原点;2 为层析点;3 为溶剂前沿

式中,$A_L$为流动相的体积;$A_S$为固定相的体积;$\alpha$ 为分配系数。

每一物质的$R_f$值决定于物质在两相间的分配系数($\alpha$)和两相的体积比($A_S/A_L$),这两相即水(固定相)和有机溶剂(流动相)。

图 1-2 中,$X$ 表示原点到层析点中心的距离。$X+Y$ 表示原点到溶剂前沿的距离

$$R_f=\frac{X}{X+Y}$$

两相体积比在同一实验情况下是不变的,所以$R_f$值的主要决定因素是分配系数($\alpha$)。对于每一物质在一定条件下 $\alpha$ 值是固定的,因此$R_f$值为其特征常数,可作为定性鉴定的参考数值。

(二) 影响$R_f$值的主要因素

**1. 物质结构对于$R_f$值的影响**

物以类聚,极性物质易溶于极性溶剂(水)中,非极性物质易溶于非极性溶剂(有机溶剂)中。所以,物质的极性大小决定了物质在水和有机溶剂之间的分配情况。例如,酸性和碱性氨基酸极性大于中性氨基酸,所以前者在水(固定相)中分配较多,因此$R_f$值低于后者。

—$CH_2$—是疏水性基团,如果分子中极性基团数目不变,则—$CH_2$—增加(即碳链加长)就使整个分子的极性变低。因此,易溶于有机溶剂(流动相)中,$R_f$值也随之增加。例如,氨基酸的$R_f$值大小关系为甘氨酸<丙氨酸<缬氨酸<亮氨酸,二羧基氨基酸中天冬氨酸<谷氨酸。

极性基团的位置不同也会引起$R_f$值的变化。例如,在正丁醇-甲酸-水系统中层析时,$\alpha$-丙氨酸的$R_f$值大于$\beta$-丙氨酸,$\alpha$-氨基丁氨酸的$R_f$值大于$\gamma$-氨基丁酸。

氨基酸化学结构与$R_f$值之间的关系可以从氨基酸的双向图谱(图 1-3)中看出。碱性氨基酸——鸟氨酸、精氨酸、赖氨酸(1,2,3)在同一轨迹上;二羧基氨基酸——天冬氨酸、谷氨酸、$\alpha$-氨基己二酸(5,6,7)在同一轨迹上;中性脂肪族支链氨基

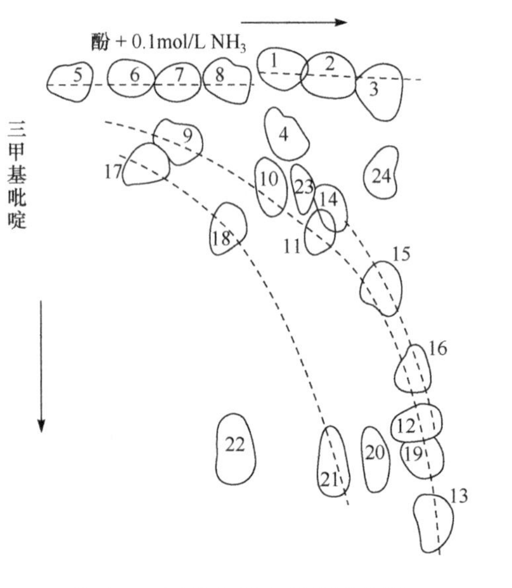


图 1-3　氨基酸纸上层析轨迹图

酸——α-氨基异丁酸、缬氨酸、异亮氨酸(14,15,16)在同一轨迹上;羟基氨基酸——苏氨酸、丝氨酸和酪氨酸(17,18,21)在同一轨迹上;具苯环的氨基酸——苯丙氨酸、色氨酸、酪氨酸和二羧基苯丙氨酸(19,20,21,22)也在同一轨迹上。

碳链结构上的变化对 $R_f$值的影响很小,如亮氨酸和异亮氨酸,缬氨酸和正缬氨酸都很不容易分离。

**2. 溶质与溶剂间的相互作用对 $R_f$值的影响**

这种影响是由溶质与溶剂间的相互作用与分配系数的关系所决定的。溶质与溶剂之间若能形成氢键,对分配系数的影响就很大。例如,酚、三甲基吡啶、氨等和水混合后都能很好地与溶质形成氢键。某些溶剂(如酚、正丁醇等)是质子的供给体,而水既是质子的供给体又是质子的接受体。当溶质结构中增加能接受质子的基团(如—$NH_2$)时,因酚与水都能给—$NH_2$提供质子,所以酚和水两相对接受质子的基团的引力基本上是一致的,因此当溶质结构中增加—$NH_2$时,该物质与酚和水的作用对其在酚和水两相间的分配影响不大,对 $R_f$值影响较小。又如,当有机溶剂是质子的接受体(如三甲基吡啶、$NH_3$等),而溶质也是质子的接受体(如—$NH_2$),这时有机溶剂对—$NH_2$没有引力,而水却有引力,于是水的引力就大于有机溶剂,因此溶质就被拉向水相,对其 $R_f$值的影响就大。

**3. pH 对 $R_f$值的影响**

这种影响主要是由 pH 与分配系数的关系所决定的。弱酸与弱碱的解离度受 pH 影响很大,解离度越大,极性越强,极性强的物质在两相溶剂中分配时,偏向于极性强的一相,这样,改变 pH 就会同时改变分配系数,从而使 $R_f$值也会相应变化。在氨基酸的层析法中,改变溶剂的 pH,使酸性和碱性氨基酸的 $R_f$值变动较大,而中性氨基酸的 $R_f$值变动较小。在正丁醇中加甲酸,可使酸性氨基酸的极性降低,从而使 $R_f$值变大,而使碱性氨基酸的 $R_f$值变小。反之,如在正丁醇中加 $NH_3$,可使天冬氨酸和谷氨酸的 $R_f$值变小,而使赖氨酸、精氨酸等碱性氨基酸的 $R_f$值变大。

**4. 滤纸对 $R_f$值的影响**

滤纸本身的 pH 及含水量对 $R_f$值的影响很大,所以用不同的滤纸层析得到不同的 $R_f$值及不同的斑点形状。滤纸上含水量的多少随溶剂与滤纸对水的亲和力的大小而异,质地不均一的滤纸常随着纤维的纹理流动紊乱,常使溶剂扩展不一致;此外,滤纸的含水量不均一也不能得到理想的分离效果。

**5. 温度对 $R_f$值的影响**

$R_f$值的重现性与恒温情况的好坏有密切关系。温度对 $R_f$值的影响主要是因为溶质在固定相与流动相之间的分配随温度的变化而不同。随各溶剂组分的黏度和表面张力的不同其蒸发能力也不同,因此有些溶剂系统对温度的敏感程度强些,有些则差些。敏感程度强的对温度的要求就严格,敏感程度差的对温度的要求就不太严格。温度改变使溶剂系统中的溶解度改变,所以 $R_f$值也改变。一般层析展层是在恒温室中进行的,室温为 20～40℃,温度改变不超过±0.5℃。

无色物质的层析图谱可用光谱法(如核苷酸类物质用紫外光照射)或显色法鉴定。氨基酸纸层析图谱常用的显色剂有茚三酮、吲哚醌。本实验采用茚三酮为显色剂。茚三酮显色反应受温度、pH 和反应时间影响较大。如果要使结果重复性好，必须严格控制上述条件。样品中如含有大量盐酸会使氨基酸不显出颜色；样品中含大量盐时显色点上会出现白斑；空气中其他的杂质，如 $NH_3$、硫化氢或酚等皆会影响显色结果。铜离子可以与氨基酸-茚三酮显色物形成络合物，颜色较稳定，用硫酸铜乙醇溶液洗脱层析后的显色斑点，可以通过比色法定量测定氨基酸的含量。

由于纸上层析设备条件较简单，操作比较简便，并可以分离微量样品，因此纸层析方法已成为生化分析和研究的主要方法之一，广泛应用于氨基酸、肽、核苷酸、糖、维生素及脂肪酸等的分离鉴定。

【试剂和器材】

**1. 试剂**

(1) 氨基酸标准液(1mg/ml)。6 种氨基酸是天冬氨酸、丙氨酸、酪氨酸、甲硫氨酸、胱氨酸、亮氨酸，分别配制成浓度为 1mg/ml 的溶液。

(2) 8mmol/L 天冬氨酸溶液：称取 0.1065g 天冬氨酸溶于 100ml 蒸馏水中。

(3) 95%乙醇(市售)。

(4) 80%甲酸(市售)。

(5) 12%氨水：量取 25%浓氨水 68ml，用蒸馏水定容至 100ml。

(6) 0.1%茚三酮丙酮溶液：称取茚三酮 0.1g，加丙酮使溶解成 100ml 即得。

(7) 0.5%茚三酮丙酮溶液：称取茚三酮 0.5g，加丙酮使溶解成 100ml 即得。

(8) 氨基酸混合液(每种氨基酸 5mg/ml)。

(9) 正丁醇。

(10) 0.1%硫酸铜($CuSO_4 \cdot 5H_2O$)：75%乙醇＝2：38 溶液。硫酸铜难溶于乙醇，不能用乙醇直接配制。将硫酸铜溶液和乙醇混合后放置过久亦会产生沉淀，因此必须在临用前按比例混合。

(11) 5.7mol/L 重蒸盐酸溶液。将商售化学纯盐酸用磨口蒸馏器蒸馏，收集恒沸点部分，即为 5.7mol/L 盐酸溶液。

(12) 鸡蛋蛋清。

**2. 器材**

新华滤纸；培养皿(直径 115mm)；电热鼓风干燥箱；恒温水浴和沸水浴装置；分光光度计；离心机(4500r/min)；研钵；喷雾器及吹风机；点样管及点样架；针、线、尺；橡皮手套；安瓿瓶(2ml)；烧杯(50ml)；钟罩(高约 430mm，直径约 290mm，具磨口塞)。

【操作步骤】

(一) 标准氨基酸纸上层析

**1. 单向上行层析**

1) 氨基酸 $R_f$ 值的测定

(1) 滤纸：选用国产新华 1 号滤纸(若有较多的样品需在纸上分离，可采用新华 3 号滤纸)，戴上橡皮手套，将滤纸裁剪成 28cm×28cm，在距纸边 2cm 处，用铅笔轻轻画一条线，于线上每隔 3cm 处画一小圆圈作为点样处，圈直径不超过 0.5cm。或将滤纸裁剪成 20cm×6.5cm，在距长一端纸边 2cm 处，用铅笔轻轻画一条线，将其分成 4 等分，即得 3 个点样点。

(2) 点样：点样量要合适，样品点太浓，斑点易扩散或拉长，以致分离不清，氨基酸的点样量以每种氨基酸含 5～20μg 为宜，将准备好的滤纸平放在粗滤纸上后放在桌面上，用点样管(也可用血色素管代替)吸取氨基酸样品 10μg(1μg/μl)，与滤纸垂直方向轻轻碰触点样处的中心，这时样品就自动流出。点样的扩散直径控制在 0.5cm 之内，点样过程中必须在第一滴样品干后再点第二滴，为使样品加速干燥，可用加热装置(如吹风机或灯泡)，但要注意温度不可过高，以免氨基酸破坏，特别是谷氨酰胺破坏，会影响定量结果。

将点好样品的滤纸两侧比齐，用线缝好，揉成筒状。注意缝线处纸的两边不要接触。避免由于毛细管现象使溶剂沿两边移动特别快而造成溶剂前沿不齐，影响 $R_f$ 值。

本实验可以做两张单向层析谱，也可以只做一张，每张点 6 种氨基酸或 3 种氨基酸(20cm×6.5cm)。一张测定酸系统中的 $R_f$ 值，一张测定碱系统中的 $R_f$ 值，如果只做一张时可选择一个系统。

(3) 展层：将揉成圆筒状的滤纸放入培养皿内(注意滤纸不要碰皿壁)，周围放三个小烧杯，内盛平衡用的溶剂。盖好钟罩，平衡 1～2h(每个钟罩内可放三个培养皿)。平衡后，打开钟罩上塞子，将长颈漏斗插入罩内，使管下口碰皿底，沿管加入展层溶剂，然后迅速取出漏斗(注意勿使它碰纸)。或将点好样品的滤纸(20cm×6.5cm)悬挂在展层缸内，展层缸底部盛有 3～5cm 高的展层液，滤纸浸入展层液 1～1.5cm，展层缸应密封，当溶剂展层至距离纸的上沿约 1cm 或滤纸的 2/3 时，取出滤纸，立即用铅笔标出溶剂前沿位置，挂在绳上或点样架上晾干，使纸上溶剂自然挥发，或烘干，直至除净溶剂。

(4) 酸溶剂系统：正丁醇：80%甲酸：水＝15：3：2(*V/V/V*)，平衡溶剂与展层溶剂相同。温度 25℃，时间 10～20h。

(5) 碱溶剂系统：正丁醇：12%氨水：95%乙醇＝13：3：2(*V/V/V*)，平衡溶剂为 12%氨水，温度 25℃，时间 14～16h。注意，使用的溶剂系统需新鲜配制，并要摇匀。平衡溶剂每烧杯放 10ml 左右，展层溶剂每张约需 25ml。

(6) 显色：将已除尽溶剂的层析滤纸平夹在层析架上，架与地面略平行，用喷雾器将 0.5%茚三酮无水丙酮溶液均匀地喷在纸上。试剂内不可含水，否则会把样品冲散以致图谱模糊，每张纸用显色剂 25ml，分别在两面喷雾，滤纸充分晾干后，置 65℃鼓风箱中 30min，鼓风保温，滤纸上即显出紫红色斑点。

(7) $R_f$ 值的计算：用尺测量显色斑点的中心与原点(点样中心)之间的距离和原点到溶剂前沿的距离，求出此值，即得氨基酸的 $R_f$ 值。计算出 6 种氨基酸在酸、碱系统中的 $R_f$ 值。

2) 氨基酸标准曲线的制作

(1) 滤纸：规格、尺寸与前同。

(2) 点样：配制一个浓度为 8mmol/L 的天冬氨酸溶液，在纸上点上不同的量：5μl、10μl、15μl、20μl，留一空白点作对照。点样操作与前同。

(3) 展层：展层采取酸性溶剂系统，即正丁醇：80%甲酸：水＝15：3：2，展层条件与操作见前。

(4) 显色：除尽溶剂的层析纸用 20ml 茚三酮丙酮溶液在纸的一面均匀喷雾，自然干燥后，置于 65℃烘箱内，准确地烘 30min，取出。

(5) 定量测定：剪下层析谱上天冬氨酸斑点，与其面积大小相仿，再剪一块空白纸作比色对照。把剪下的纸片再剪成梳状细条，分别装入干燥试管内，加入 5ml 0.1%硫酸铜($CuSO_4 \cdot 5H_2O$)：75%乙醇＝2：38($V/V$)的溶液洗脱，间歇摇匀，洗脱液呈粉红色，待 15min 后于 520nm 处测定 OD 值。以氨基酸含量(μg)为横坐标，光吸收值为纵坐标作图，其结果应为直线关系，但不同氨基酸其斜率不同。

**2. 双向上行纸层析**

(1) 滤纸：28cm×28cm，在滤纸上距相邻的两边各 2cm 处用铅笔轻画一条线，在线的交点上点样(图 1-4)。

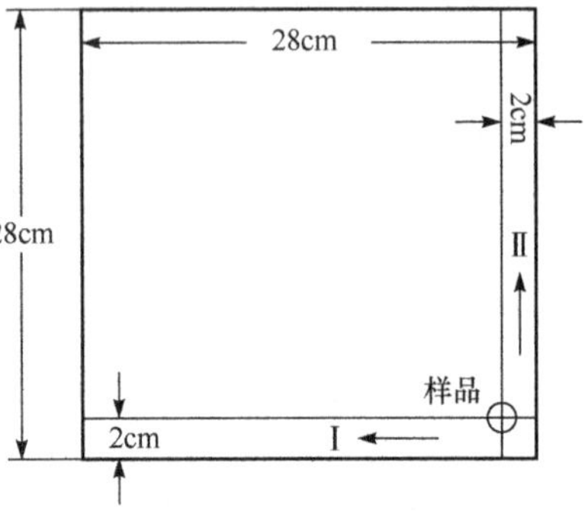

图 1-4　滤纸的剪裁

(2) 点样：样品为混合标准氨基酸，点样量 15μl 或 20μl。

(3) 展层：双向展层。

第一向为碱系统：正丁醇：12%氨水：95%乙醇＝13：3：3($V/V/V$)。

第二向为酸系统：正丁醇：80%甲酸：水＝13：3：2($V/V/V$)。

第一向展层一次，必要时亦可展层两次，第二向一般展层一次即可。二向的展层条件分别与酸、碱单向展层的条件相同。进行双向层析时，先用第一向溶剂展层后，使干燥，将纸调转 90°，再用第二向溶剂展层。

(4) 显色：显色剂采用 0.5%茚三酮溶液，显色条件与标准曲线制作的显色部分相同。

(5) 定性鉴定与定量测定：双向层析 $R_f$ 值由两个数值组成，即在第一向计量一次(碱系统)和在第二向计量一次(酸系统)，分别与已知氨基酸在酸、碱系统的 $R_f$ 值对比，即可初步确定它为何种氨基酸。找出谷氨酸斑点，将它剪下，在同一张纸上再剪下一块大小相仿的空白纸作对照，如前所述，用硫酸铜乙醇溶液洗脱并进行比色测定，所得比色读数在标准曲线上查出谷氨酸含量，计算出样品中谷氨酸的含量。

(二) 样品中氨基酸的分析(以鸡蛋蛋清为例)

**1. 水解液的制备**

取鸡蛋清 1 滴(约 0.2ml)，加到 2ml 的安瓿瓶中，再加入 2ml 经过重蒸的盐酸溶液(5.7mol/L)，封口后置于 110℃烤箱中进行封管酸水解。24h 后打破安瓿瓶。将酸水解液转移到小烧杯中，于沸水浴上蒸去盐酸，内容物蒸干时可加少量蒸馏水，再次蒸发，重复 3 或 4 次，最后加 1ml 蒸馏水。

**2. 单向上行纸层析分析**

(1) 点样：在滤纸上(规格尺寸同图 1-4)点上不同体积：10μl、20μl、25μl、30μl 的蛋清酸水解液，同时再点上一个标准氨基酸混合液点(15μl/点)。操作同前。

(2) 展层：条件同前。采取正丁醇：80%甲酸：水＝15：3：2 系统，操作同前。

(3) 显色：0.1%茚三酮丙酮显色，操作同前。

(4) 层析谱：鸡蛋清水解液展层后一般可以分出10～13个氨基酸斑点。找出那一种点样量的层析效果最好，并用6种标准氨基酸混合液的层析斑点与文献资料上关于鸡蛋清蛋白水解液的成分作比较。

【注意事项】

(1) 使用茚三酮显色法，必须在整个层析操作中避免手直接接触层析纸，因为手上常常有少量含氮物质，显色时它也呈现紫色斑点，污染了层析结果，因此操作时应戴橡皮手套或指套。同时也要防止空气中的氨。

(2) 取一支破损的0.1ml吸量管，将下端拉成毛细管，然后在碎磁片边缘上磨尖。注意，在点样时应尽量使用上端的刻度，因为靠近尖端的刻度已不准确。

(3) 层析纸经第一向层析后，上端未经溶剂走过的滤纸(距纸边约1cm)与已被溶剂走过的部分形成一个分界线，进行第二向层析前，需将第一向上端截去约2cm以除去边缘，在截去边缘以前，先将原点到溶剂前沿的距离量好，记下来。

(4) 为了鉴定未知样品中某几种氨基酸的存在，仅用一种溶剂系统展层是不够的。一般应采用2或3种溶剂系统展层显色后，再分别与该种溶剂系统的标准氨基酸图谱比较，相互印证，才能作出比较确切的结论。

【思考题】

1. 为什么在展层时有时用一种溶剂系统，而有时用两种溶剂系统？

2. 酸性溶剂系统(或碱性溶剂系统)对氨基酸极性基团的解离有何影响？

3. 酸性溶剂系统(或碱性溶剂系统)对碱性氨基酸(赖氨酸、精氨酸、组氨酸)和酸性氨基酸(天冬氨酸、谷氨酸)的$R_f$值有什么影响？

4. 滤纸上点上1$\mu$l 0.02mol/L的甘氨酸(相对分子质量为75)溶液，实际上点了多少微克的氨基酸？

# 实验2

# 醋酸纤维素薄膜电泳分离血清蛋白

【实验目的】

掌握醋酸纤维薄膜电泳的原理及操作方法;准确测定血清中各种蛋白质的相对百分含量。

【实验原理】

带电质点向着与它所带电荷相反的电极移动的现象称为电泳。带电质点之所以能在电场中向一定的方向移动,并具有一定的移动速度,取决于带电质点本身所带的电荷、电场强度、溶液的 pH 等因素。蛋白质分子在溶液中的电泳是由于蛋白质分子具有一些自由的可解离的基团如—COOH、—$NH_2$、—OH 等,因而在某种 pH 溶液中蛋白质分子就带有一定的电荷。一个混合的蛋白质样品由于各蛋白质的等电点不同,在相同的 pH 溶液中所带的电荷性质不同,电荷的数目不同,在电场中各种蛋白质泳动的方向和速度也不同,从而使蛋白质混合样品得到分离。

血清中含有清蛋白、α-球蛋白、β-球蛋白、γ-球蛋白等,各种蛋白质由于氨基酸组分、立体构象、相对分子质量、等电点及形状不同(表 2-1),在电场中移动速度也就不同。由表 2-1 可知,血清中 5 种蛋白质的等电点(pI)大部分低于 7.0,所以在缓冲液(pH8.6)中,它们都解离成负离子,在电场中向阳极移动。

**表 2-1　血清蛋白等电点及相对分子质量**

| 蛋白质名称 | 等电点(pI) | 相对分子质量($M_r$) |
|---|---|---|
| 清蛋白 | 4.88 | 69 000 |
| $\alpha_1$-球蛋白 | 5.06 | 200 000 |
| $\alpha_2$-球蛋白 | 5.06 | 300 000 |
| β-球蛋白 | 5.12 | 90 000～150 000 |
| γ-球蛋白 | 6.85～7.50 | 156 000～300 000 |

在一定范围内,蛋白质的含量与结合的染料量成正比,故可将各蛋白质区带剪下,分别用 0.4mol/L NaOH 溶液浸洗下来,进行比色,测定其相对含量。也可以将染色后的薄膜直接用光密度计、凝胶成像系统扫描,测定其相对含量。

本实验采用的醋酸纤维素薄膜电泳,是以醋酸纤维素薄膜为支持物的电泳方法。醋酸纤维素是纤维素经羟基乙酰化形成的纤维素醋酸酯。将它溶于有机溶剂(如丙酮、氯仿、乙酸乙酯等)后,涂成均匀的薄膜,待溶剂蒸发后则成为醋酸纤维素薄膜。该膜具有均一的泡沫状结构,有强渗透性,其厚度约为120μm。

醋酸纤维素薄膜电泳是一种常用的电泳技术。它具有微量、快速、简便、分辨力高、对样品无拖尾和吸附现象等优点。目前已广泛应用于血清蛋白、血红蛋白、糖蛋白、脂蛋白、结合球蛋白、同工酶等的分离及测定。

## 【试剂和器材】

### 1. 试剂

(1) 新鲜血清(制备时要无溶血现象)。

(2) 巴比妥-巴比妥钠缓冲液(pH8.6,0.075mol/L,离子强度0.06):称取巴比妥1.66g和巴比妥钠12.76g,溶于少量蒸馏水后定容至1000ml。

(3) 染色液:称取氨基黑10B 0.5g,加入蒸馏水40ml,甲醇50ml和冰醋酸10ml,混匀,储存于试剂瓶中。

(4) 漂洗液:取95%乙醇45ml、冰醋酸5ml和蒸馏水50ml,混匀。

(5) 浸出液:0.4mol/L NaOH溶液,称取NaOH 1.6g,加蒸馏水溶解并定容至100ml。

(6) 透明液。甲液:取冰醋酸15ml和无水乙醇85ml,混匀。乙液:取冰醋酸25ml和无水乙醇75ml,混匀。

(7) 液体石蜡。

### 2. 器材

醋酸纤维素薄膜:市售的电泳用醋酸纤维素薄膜,各种产品质量不一,用时参阅所附说明书。

培养皿(直径9～10cm);血色素吸管或点样器;直尺和铅笔;电泳仪和电泳槽;镊子;玻璃板(8cm×12cm);普通滤纸;试管和试管架;吹风机;分光光度计;吸量管;凝胶成像系统或光密度计。

## 【操作步骤】

### 1. 准备

(1) 醋酸纤维薄膜的润湿和选择。将薄膜裁成2cm×8cm,使其漂在缓冲液液面上,若迅速湿润,整条薄膜一致而无白点,则表明薄膜质地均匀(实验中应选择质地均匀的膜)。然后用竹夹轻轻地将薄膜完全浸入缓冲液中,待膜完全浸透后使用(约0.5h)。

(2) 制作电桥。将电泳缓冲液倒入电泳槽两边并用虹吸管平衡两边液面。根据电泳槽的纵向尺寸,剪裁尺寸合适的滤纸条。取4层附着在电泳槽的支架上,使它的一端与支架的前沿对齐,而另一端浸入电极槽的缓冲液内。然后,用缓冲液将滤纸全部润湿并驱除气泡,使滤纸紧贴在支架上,即为"滤纸桥"。按照同样的方法,在另一个电极槽的支架上制作相同的"滤纸桥"。它们的作用是联系醋酸纤维素薄膜和两极缓冲液。

### 2. 点样

取出浸透的薄膜,夹在两层粗滤纸之间,吸去多余的缓冲液,然后平铺在玻璃板上(无光泽

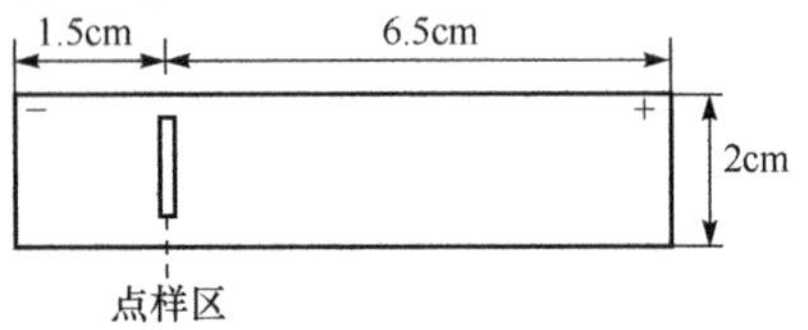

图 2-1　醋酸纤维素薄膜规格及点样

面朝上)，取血清 0.1ml 放于洁净载玻片上，再加 0.05ml 0.03%溴酚蓝，混匀。用点样器蘸一下(2～3μl)，再“印”在薄膜的点样区(距薄膜一端 1.5cm 处)。使血清均匀分布在点样区，形成具有一定宽度、粗细匀称的直线。事先可在滤纸上练习点样，掌握点样技术，这是获得具有清晰区带的电泳图谱的重要环节之一(图 2-1)。

### 3. 电泳

将点好样的薄膜(无光泽面朝下)两端紧贴在支架的滤纸桥上(加血清端靠负极)，中部悬空平直。平衡 10min，仔细检查电泳装置的线路是否正确，然后通电。打开电源开关，调节电流为 0.4～0.6mA/cm，电压为 10～12V/cm(图 2-2)。在电泳过程中，应注意控制电压和电流强度，防止过高或偏低。待电泳区带展开 3～5cm 时，关闭电源，一般通电时间为 60min 左右。

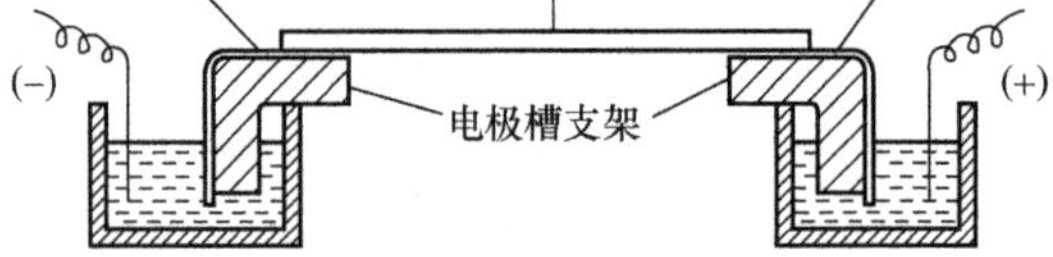

图 2-2　醋酸纤维素薄膜电泳装置示意图

### 4. 染色

电泳结束后，关闭电源，立即取出薄膜，直接浸入染色液中，染色 3～5min。然后用漂洗液漂洗至背景无色(3～5 次，每次 1～3min)。再浸于蒸馏水中，或用滤纸吸干。

### 5. 结果判断

一般经漂洗后，薄膜上可呈现清晰的 5 条区带，由正极端起，依次为清蛋白、$\alpha_1$-球蛋白、$\alpha_2$-球蛋白、β-球蛋白、γ-球蛋白(图 2-3)。

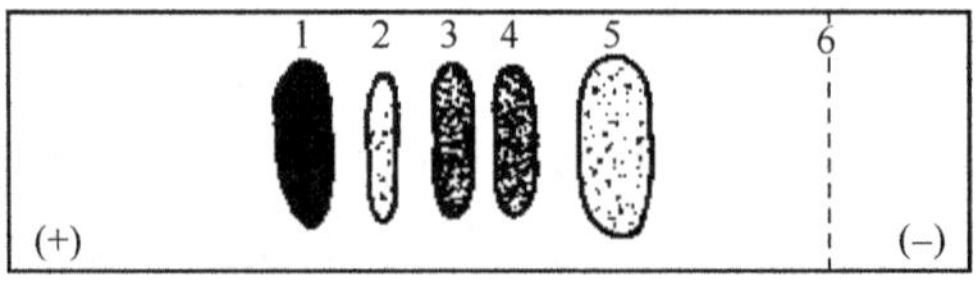

图 2-3　正常人血清醋酸纤维素薄膜电泳示意图

1 为清蛋白；2，3，4，5 分别为 $\alpha_1$-球蛋白，$\alpha_2$-球蛋白，β-球蛋白及 γ-球蛋白；6 为点样原点

### 6. 透明

用滤纸吸干薄膜，浸入透明液的甲液中，2min 后立即取出，再浸入透明液的乙液中，1min 后迅速取出，紧贴在载物片上，赶出气泡。2～3min 后薄膜完全透明，放置 10～15min 后，用吹风机将膜吹干。在水龙头下将玻璃板上透明的薄膜润湿后，用单面刀片从膜的一角撬起，并划开一端，再用手捏住撬起的膜轻轻撕下，可以顺利地从玻璃板上取下透明的薄膜。用滤纸吸

干，浸入液体石蜡中，约 3min 后取出。再用干净的滤纸吸干，压平，则成为色泽鲜艳而又透明的血清蛋白醋酸纤维素薄膜电泳图谱，可以长期保存不褪色。

**7. 定量**

定量有两种方法。

1）洗脱法

将上述漂净的薄膜用滤纸吸干，剪下薄膜上各条蛋白质色带，另取一条与区带近似宽的无蛋白质附着的空白薄膜，分别浸于 0.4mol/L NaOH 溶液中，37℃水浴 5～10min，色泽浸出后，用 752 型紫外分光光度计在 590nm 处，以空白膜洗出液为空白调零，测定各管的吸光值。

设各部分的吸光值分别为 $A_{白}$、$A_{\alpha_1}$、$A_{\alpha_2}$、$A_{\beta}$、$A_{\gamma}$。则吸光值总和（$A_{总}$）为

$$A_{总}=A_{白}+A_{\alpha_1}+A_{\alpha_2}+A_{\beta}+A_{\gamma}$$

$$清蛋白(\%)=A_{白}/A_{总}\times100\%$$

$$\alpha_1\text{-球蛋白}(\%)=A_{\alpha_1}/A_{总}\times100\%$$

$$\alpha_2\text{-球蛋白}(\%)=A_{\alpha_2}/A_{总}\times100\%$$

$$\beta\text{-球蛋白}(\%)=A_{\beta}/A_{总}\times100\%$$

$$\gamma\text{-球蛋白}(\%)=A_{\gamma}/A_{总}\times100\%$$

2）光密度计法

待薄膜完全干燥后，浸入透明液中 10～20min 取出，平贴于干净玻璃片上，干燥，即得背景透明的电泳图谱，可用光密度计测定各蛋白质斑点。此图谱可长期保存。

本法测得的血清蛋白各组分正常值为

清蛋白（%）=67.24%（61.2%～74.5%）

$\alpha_1$-球蛋白+$\alpha_2$-球蛋白+$\beta$-球蛋白（%）=16.92%（11.2%～22%）

$\gamma$-球蛋白（%）=15.84%（10.4%～20.6%）

【思考题】

1. 比较醋酸纤维素薄膜电泳与纸电泳的异同点。
2. 醋酸纤维素薄膜用作电泳的支持物有何特点。

# 实验3

# 考马斯亮蓝染色法测定蛋白质含量

【实验目的】

掌握考马斯亮蓝法测定蛋白质含量的原理和方法；学习分光光度计的原理及使用方法。

【实验原理】

1976 年 Bradford 建立了用考马斯亮蓝 G-250 与蛋白质结合的原理，迅速、敏感地定量测定蛋白质的方法。染料与蛋白质结合后引起染料最大吸收峰的改变，从 465nm 变为 595nm，光吸收值增加。蛋白质-染料复合物具有高的光吸收值，因此大大提高了蛋白质测定的灵敏度，最低检出量为 1μg。染料与蛋白质的结合是很迅速的过程，大约只需 2min，结合物的颜色在 1h 内保持稳定。一些阳离子如 $K^+$、$Na^+$、$Mg^{2+}$ 及 $(NH_4)_2SO_4$，乙醇等物质不干扰测定，而大量的去污剂，如 TritonX-100、SDS 等严重干扰测定，少量的去污剂可通过用适当的对照而消除。由于染色法简单迅速，干扰物质少，灵敏度高，现已广泛应用于蛋白质含量的测定。

【试剂和器材】

**1. 试剂**

(1) 标准蛋白质溶液：可用牛血清清蛋白预先经微量凯氏定氮法测定蛋白质的氮含量，根据其纯度配制成 1mg/ml 的溶液，或根据牛血清清蛋白的紫外消光系数 $A_{1cm}{}^{1\%}=6.6$ 来确定。

(2) 蛋白质染液的配制：称取 100mg 考马斯亮蓝 G-250 溶于 50ml 95%乙醇，加入 100ml 85%(*m*/*V*)磷酸，将溶液用蒸馏水稀释定容至 1000ml。试剂的终浓度为 0.01%考马斯亮蓝 G-250，4.7%(*V*/*V*)乙醇和 8.5%(*m*/*V*)磷酸。

**2. 器材**

752 型紫外可见分光光度计；微量注射器；试管及试管架；刻度吸管。

【操作步骤】

**1. 标准方法**

取含 10～100μg 蛋白质的溶液于小试管中，用双蒸水或缓冲液调体积到 0.1ml，然后加入

3ml 蛋白质染液，充分振荡混合，2min 后于 595nm 测定光吸收值。以 0.1ml 双蒸水或缓冲液及 3ml 蛋白质染液作为空白对照。

**2. 微量蛋白质分析法**

取含 1～10μg 蛋白质的溶液，用双蒸水调体积到 0.8ml，加 0.2ml 蛋白质染液，充分振荡混合，2min 后于 595nm 测定光吸收值，以 0.8ml 双蒸水及 0.2ml 蛋白质染液作为空白对照。

**3. 标准曲线的绘制**

取 6 支试管，按下表进行编号并加入试剂，充分混匀。用不同浓度的标准蛋白质溶液作标准曲线，以蛋白质浓度为横坐标，光吸收值为纵坐标，绘制标准曲线作为定量的依据。在标准方法中标准蛋白质溶液的浓度为 0～100μg，在微量蛋白质分析法中，标准蛋白质溶液的浓度为0～10μg，其他操作步骤与相应方法相同。

| 试　剂 | 试管编号 | | | | | |
|---|---|---|---|---|---|---|
| | 0 | 1 | 2 | 3 | 4 | 5 |
| 标准蛋白溶液/ml | 0.0 | 0.02 | 0.04 | 0.06 | 0.08 | 0.1 |
| 相当于蛋白质含量/μg | 0.0 | 20.0 | 40.0 | 60.0 | 80.0 | 100 |
| 双蒸水/ml | 0.1 | 0.08 | 0.06 | 0.04 | 0.02 | 0.0 |
| 蛋白试剂/ml | 3.0 | 3.0 | 3.0 | 3.0 | 3.0 | 3.0 |
| $A_{595nm}$ | | | | | | |

**4. 蛋白质含量的计算**

由样品液的光吸收值查标准曲线即可求出蛋白质含量，即

$$样品蛋白质含量(\mu g/\mu l)=\frac{M(\mu g)}{测定的液体体积(\mu l)}$$

式中，$M$ 为从标准曲线上查到的蛋白质含量。

【思考题】

1. 说明考马斯亮蓝染色法的优缺点。

2. 在样品中有大量去污剂时能否使用此法测蛋白质的含量，在样品中有少量去污剂时能否用此法测蛋白含量，应如何操作？

# 实验4

# 酶的专一性

【实验目的】

了解酶的专一性；掌握测定酶专一性的方法及原理。

【实验原理】

一般催化剂对底物没有严格的要求，能催化多种反应，而酶只催化某一类物质的一种反应，生成特定的产物。因此酶的种类也是多种多样的。酶催化的反应称为酶促反应，酶促反应的反应物称为底物。酶只催化某一类底物发生特定的反应，产生一定的产物，这种特性称为酶的专一性。本实验以唾液淀粉酶和蔗糖酶对淀粉和蔗糖的作用为例，来说明酶的专一性。淀粉和蔗糖无还原性。唾液淀粉酶水解淀粉生成有还原性的麦芽糖，但不能催化蔗糖的水解。蔗糖酶能催化蔗糖的水解产生还原性葡萄糖和果糖，但不能催化淀粉的水解。Benedict 试剂是含硫酸铜和柠檬酸钠（枸橼酸钠）的碳酸钠溶液，可以将还原糖氧化成相应的化合物，同时 $Cu^{2+}$ 被还原成 $Cu^{+}$，即蓝色硫酸铜溶液被还原产生砖红色的氧化亚铜沉淀。故用 Benedict 试剂检查糖的还原性，以判断酶的水解反应。

【试剂和器材】

**1. 试剂**

（1）稀释 50～100 倍的新鲜唾液：用蒸馏水漱口，以清除食物残渣，再含一口蒸馏水，半分钟后使其流入量筒并用蒸馏水稀释 50～100 倍，稀释倍数可根据各人唾液淀粉酶活性调整，混匀备用。

（2）1%淀粉的 0.3%NaCl 溶液：称取 1g 淀粉，0.3g NaCl 用少许蒸馏水混匀倒入 80ml 煮沸的蒸馏水中，冷却后定容至 100ml，需新鲜配制。

（3）2%蔗糖溶液：称取 2g 蔗糖，溶于蒸馏水并定容至 100ml。

（4）蔗糖酶溶液：将啤酒厂的鲜酵母用水洗涤 2 或 3 次（离心法），然后放在滤纸上自然干燥。取干酵母 100g，置于研钵内，添加适量蒸馏水及少量石英砂，用力研磨提取 1h，再加蒸馏水使总体积约为原体积的 10 倍。离心，将上清液保存于冰箱中备用。

（5）Benedict 试剂：无水 $CuSO_4$ 17.4g 溶于 100ml 温蒸馏水中，冷却后稀释至 150ml。取柠檬酸钠 173g，无水 $NaCO_3$ 100g 和 600ml 蒸馏水共热，溶解后冷却并加蒸馏水中至 850ml。再将冷却的 150ml $CuSO_4$溶液倾入。本试剂可长期保存。

### 2. 器材

恒温水浴锅；沸水浴装置；试管及试管架；大烧杯；吸量管；吸耳球；研钵。

## 【操作步骤】

### 1. 酶的专一性

1）淀粉酶的专一性

取 6 支试管按下表加入试剂，观察现象并记录。

| 试　剂 | 试管编号 | | | | | |
|---|---|---|---|---|---|---|
| | 1 | 2 | 3 | 4 | 5 | 6 |
| 1%淀粉溶液/滴 | 4 | — | 4 | — | 4 | — |
| 2%蔗糖溶液/滴 | — | 4 | — | 4 | — | 4 |
| 稀释唾液/ml | — | — | 1 | 1 | — | — |
| 煮沸过的稀释唾液/ml | — | — | — | — | 1 | 1 |
| 蒸馏水/ml | 1 | 1 | — | — | — | — |
| 37℃恒温水浴 15min | | | | | | |
| Benedict 试剂/ml | 1 | 1 | 1 | 1 | 1 | 1 |
| 沸水浴 2～3min | | | | | | |
| 现象 | | | | | | |

2）蔗糖酶的专一性

取 6 支试管按下表加入试剂，观察现象并记录。

| 试　剂 | 试管编号 | | | | | |
|---|---|---|---|---|---|---|
| | 1 | 2 | 3 | 4 | 5 | 6 |
| 1%淀粉溶液/滴 | 4 | — | 4 | — | 4 | — |
| 2%蔗糖溶液/滴 | — | 4 | — | 4 | — | 4 |
| 蔗糖酶溶液/ml | — | — | 1 | 1 | — | — |
| 煮沸过的蔗糖酶溶液/ml | — | — | — | — | 1 | 1 |
| 蒸馏水/ml | 1 | 1 | — | — | — | — |
| 37℃恒温水浴 5min | | | | | | |
| Benedict 试剂/ml | 1 | 1 | 1 | 1 | 1 | 1 |
| 沸水浴 2～3min | | | | | | |
| 现象 | | | | | | |

## 【思考题】

1. 本实验结果如何证明酶的专一性？
2. 各个处理的作用是什么？
3. 如何排除试剂本身所含的还原糖？

# 实验5

# 酶反应动力学的影响因素

## 一、温度和 pH 对酶活性的影响

【实验目的】

了解温度对酶活性的影响；了解酶活性的最适 pH 及掌握一种检测最适 pH 的方法。

【实验原理】

酶的催化作用受温度的影响，反应速度达到最大值时的温度称为酶的最适温度。在最适温度下，酶的反应速度最高。大多数动物酶的最适温度为 37～40℃，植物酶的最适温度为 50～60℃。酶对温度的稳定性与其存在形式有关。有些酶的干燥制剂，虽加热到 100℃，其活性并无明显改变，但在 100℃的溶液中却很快地完全失去活性。低温能降低或抑制酶的活性，但不能使酶失活。酶的活力受环境 pH 的影响极为显著。不同酶的最适 pH 不同。酶表现最大活力时的 pH 称为酶的最适 pH。一般酶的最适 pH 为 4～8。

淀粉和可溶性淀粉遇碘呈蓝色。糊精按其分子的大小，遇碘可呈蓝色、紫色、暗褐色或红色。最简单的糊精遇碘不显颜色，麦芽糖遇碘也不显色。在不同温度下，淀粉被唾液淀粉酶水解的程度，可由水解混合物遇碘呈现的颜色来判断。

本实验观察温度和 pH 对唾液淀粉酶活性的影响，唾液淀粉酶的最适 pH 约为 6.8。

【试剂和器材】

**1. 试剂**

(1) 0.2%淀粉的 0.3%NaCl 溶液：称取 0.2g 淀粉，0.3g NaCl，用少许蒸馏水混匀倒入 80ml 煮沸的蒸馏水中，冷却后定容至 100ml，需新鲜配制。

(2) 稀释 50～100 倍的唾液：用蒸馏水漱口，以清除食物残渣，再含一口蒸馏水，半分钟后使其流入量筒并稀释 50～100 倍(稀释倍数可根据各人唾液淀粉酶活性调整)，混匀备用。

(3) 碘化钾-碘溶液：将碘化钾 20g 及碘 10g 溶于蒸馏水中并定容至 100ml。使用前稀释 10 倍。

(4) 0.5%淀粉的 0.3%NaCl 溶液：称取 0.5g 淀粉，0.3g NaCl，用少许蒸馏水混匀倒入 80ml 煮沸的蒸馏水中，冷却后定容至 100ml，需新鲜配制。

(5) 0.2mol/L 磷酸氢二钠溶液的配制：称取 $Na_2HPO_4 \cdot 2H_2O$ 35.61g，溶解定容至 1000ml 容量瓶中(或者称取 $Na_2HPO_4 \cdot 12H_2O$ 71.64g，溶解定容至 1000ml 容量瓶中)。

(6) 0.1mol/L 柠檬酸溶液的配制：称取柠檬酸 $C_6H_8O_7 \cdot H_2O$ 21.01g，溶解定容至 1000ml 容量瓶中。

**2. 器材**

试管及试管架；制冰机；恒温水浴锅；沸水浴装置；试管夹；白瓷板；吸量管；滴管；容量瓶。

【操作步骤】

**1. 温度对酶活性的影响**

取 3 支试管，编号后按下表加入试剂。

| 试　剂 | 试管编号 | | |
|---|---|---|---|
| | 1 | 2 | 3 |
| 0.2%淀粉溶液/ml | 1.5 | 1.5 | 1.5 |
| 稀释唾液/ml | 1.0 | 1.0 | — |
| 煮沸过的稀释唾液/ml | — | — | 1.0 |
| 现象 | | | |

摇匀后，将 1 号、3 号两试管放入 37℃恒温水浴中，2 号试管放入冰浴中，为了保证实验结果，也可以将 2 号管先放入冰浴 5min，然后再加酶液。10min 后取出，将 2 号管内液体分为两部分，向 1、2、3 管内每管加入 1～2 滴碘化钾-碘溶液并混匀来检验淀粉被唾液淀粉酶水解的程度。将 2 号管剩下的一半溶液放入 37℃水浴中继续保温 10min 后，再加入 1～2 滴碘化钾-碘溶液，记录结果并解释结果。

**2. pH 对酶活性的影响**

按下表取 4 个标有号码的 20ml 试管，用吸管按下表添加 0.2mol/L 磷酸氢二钠溶液和 0.1mol/L 柠檬酸溶液以制备 pH5.0～8.0 的 4 种缓冲液。

| 试　剂 | 试管编号 | | | |
|---|---|---|---|---|
| | 1 | 2 | 3 | 4 |
| 0.2mol/L 磷酸氢二钠/ml | 5.15 | 6.05 | 7.72 | 9.72 |
| 0.1mol/L 柠檬酸/ml | 4.85 | 3.95 | 2.28 | 0.28 |
| pH | 5.0 | 5.8 | 6.8 | 8.0 |
| 现象 | | | | |

从 4 个试管中各取缓冲液 3ml，分别注入另外 4 支带有号码的试管中，随后于每个试管中添加 0.5%淀粉溶液 2ml 和稀释 50～100 倍的唾液 2ml。向各试管中加入稀释唾液的时间间隔分别为 1min。将各试管内容物混匀，并依次置于 37℃恒温水浴中保温。

第 4 管加入唾液 2min 后，每隔 1min 由第 3 管取出一滴混合液，置于白瓷板上，加 1 滴碘化钾-碘溶液，检验淀粉的水解程度。待混合液变为棕黄色时，向所有试管依次添加 3～4 滴碘化钾-碘溶液。添加碘化钾-碘溶液的时间间隔，从第 1 管起，均为 1min。

观察各试管内容物呈现的颜色，分析 pH 对唾液淀粉酶活性的影响。

【思考题】

1. 唾液淀粉酶的最适温度和最适 pH 是多少?
2. 低温对酶有什么影响?
3. 滴加碘液时应注意什么事项?

## 二、激活剂和抑制剂对酶活性的影响

【实验目的】

了解激活剂和抑制剂对酶活性的影响。

【实验原理】

酶的活性受激活剂或抑制剂的影响。很多物质可以干扰酶促反应的进行,减慢甚至阻止酶促反应的进行,这些物质通过与酶结合,从而影响酶与底物的结合,或是引起酶活力的下降,但并不使酶变性,将这些物质称为抑制剂。凡是能提高酶活性的物质都称为激活剂。激活剂可以通过和酶结合而改变酶的构象,影响酶和底物的结合,或者增加酶对底物的催化能力。大部分激活剂是离子或简单有机化合物。在本实验中氯离子为唾液淀粉酶的激活剂,而铜离子为其抑制剂。

【试剂和器材】

**1. 试剂**

(1) 0.1%淀粉溶液:称取 0.1g 淀粉,用少许蒸馏水混匀倒入 80ml 煮沸的蒸馏水中,冷却后定容至 100ml,需新鲜配制。

(2) 稀释 50~100 倍的新鲜唾液的配制方法同"温度和 pH 对酶活性的影响"中试剂(2)。

(3) 1%NaCl 溶液:称取 1g NaCl,用蒸馏水溶解并定容至 100ml。

(4) 1%$CuSO_4$溶液:称取 1g $CuSO_4$,用蒸馏水溶解并定容至 100ml。

(5) 1%$Na_2SO_4$溶液:称取 1g $Na_2SO_4$,用蒸馏水溶解并定容至 100ml。

(6) 碘化钾-碘溶液:将碘化钾 20g 及碘 10g 溶于蒸馏水中并定容至 100ml,使用前稀释 10 倍。

**2. 器材**

恒温水浴锅;沸水浴装置;试管及试管架;大烧杯;吸量管;吸耳球。

【操作步骤】

**激活剂和抑制剂对酶活性的影响**

取 4 支试管按下表加入试剂,观察现象并记录。

| 试　剂 | 试管编号 | | | |
|---|---|---|---|---|
| | 1 | 2 | 3 | 4 |
| 0.1%淀粉溶液/ml | 1.5 | 1.5 | 1.5 | 1.5 |
| 稀释唾液/ml | 0.5 | 0.5 | 0.5 | 0.5 |
| 1% $CuSO_4$ 溶液/ml | 0.5 | — | — | |
| 1%NaCl 溶液/ml | — | 0.5 | — | — |
| 1% $Na_2SO_4$ 溶液/ml | — | — | 0.5 | — |
| 蒸馏水/ml | — | — | — | 0.5 |
| | 37℃恒温水浴 10min | | | |
| 碘化钾-碘溶液/滴 | 2～3 | 2～3 | 2～3 | 2～3 |
| 现象 | | | | |

注：保温时间可根据各人唾液淀粉酶活力调整。

## 【注意事项】

各表中的现象应为实验最终现象的记录。

## 【思考题】

1. 本实验中硫酸钠起什么作用？
2. 在本实验中如何判断唾液淀粉酶的激活剂和抑制剂？

# 实验6

# RNA 定量测定

【实验目的】

了解化学方法测定 RNA 含量的原理及操作方法。

【实验原理】

核糖核酸与浓盐酸共热时，即发生降解，形成的核糖继而转变成糠醛，后者与 3,5-二羟基甲苯(地衣酚)反应呈鲜绿色，该反应需用三氯化铁或氯化铜作催化剂，反应产物在 670nm 处有最大光吸收。RNA 含量为 20～250μg 时，吸光值与 RNA 的浓度成正比。地衣酚反应特异性较差，凡戊糖均有此反应，DNA 和其他杂质也能反应产生类似的颜色。因此测定 RNA 含量时可先测定 DNA 含量，再计算出 RNA 含量。

【试剂和器材】

**1. 试剂**

(1) RNA 标准溶液(需经定磷法确定其纯度)：取酵母 RNA 配成 100μg/ml 溶液。

(2) 样品待测液：准确稀释，使每毫升溶液含 RNA 干燥制品 50～100μg。

(3) 地衣酚试剂：先配制 0.1% $FeCl_3$ 的浓盐酸溶液，实验前此溶液作为溶剂配成 0.1%地衣酚溶液。

**2. 器材**

坐标纸；分析天平；沸水浴装置；试管；吸量管；752 型紫外可见分光光度计。

【操作步骤】

**1. RNA 标准曲线的制定**

取 10 支试管，分成 2 组，依次加入 0.5ml、1.0ml、1.5ml、2.0ml 和 2.5ml RNA 标准溶液。分别加入蒸馏水使最终体积为 2.5ml。另取 2 支试管，各加入 2.5ml 蒸馏水作为对照。然后各加入 2.5ml 地衣酚试剂。混匀后，于沸水浴内加热 20min 后，取出冷却。于 670nm 波长处测定吸光度。取两管平均值，以 RNA 浓度为横坐标，吸光度为纵坐标作图，绘制标准曲线。

**2. 制品的测定**

取 2 支试管，各加入 2.5ml 待测液(样品量应在标准曲线的可测范围之内)，再加 2.5ml

地衣酚试剂。测定方法同标准曲线测定。

**3. RNA 含量的计算**

根据测得的吸光度，从标准曲线上查出相当该吸光度的 RNA 含量。按下式计算出制品中 RNA 的百分含量，即

$$\text{RNA 含量}(\%)=\frac{\text{待测液中测得的 RNA 微克数}}{\text{待测液中制品的微克数}}\times 100$$

【思考题】

1. 该方法所测得的数值中能精确代表 RNA 的含量吗？应如何获得精确值？
2. 该方法适合测定样品中 RNA 的浓度为多大？不在该浓度范围内的样品应如何处理？

# 实验7

# DNA 定量测定(二苯胺法)

【实验目的】

学习和掌握二苯胺法测定 DNA 含量的原理和方法。

【实验原理】

DNA 分子中的脱氧核糖,在酸性溶液中变成 $\omega$-羟基-$\gamma$-酮基戊醛,与二苯胺试剂作用生成蓝色化合物,其最大光吸收峰 $\lambda_{max}=595nm$。在 DNA 浓度为 20～200μg/ml 时,其吸光度与 DNA 浓度成正比,可用比色法测定。在反应液中加入少量乙醛,可以提高反应的灵敏度。除 DNA 外,脱氧木糖、阿拉伯糖也有同样的反应。其他多数糖类,包括核糖在内,一般无此反应。

【试剂和器材】

**1. 试剂**

(1) DNA 标准溶液(200μg/ml):取小牛胸腺 DNA 以 0.01mol/L NaOH 溶液配制成 200μg/ml 的溶液。

(2) DNA 样液:准确称取 DNA 干制品以 0.01mol/L NaOH 溶液配制成 100μg/ml 的溶液。

(3) 二苯胺试剂:称取纯二苯胺(如不纯,需在 70%乙醇中重结晶 2 次)1g 溶于 100ml 的冰醋酸中,再加入 10ml 过氯酸(60%以上),混匀待用。当所用药品纯净时,配得试剂应为无色,临用前加入 1ml,1.6%乙醛溶液(乙醛溶液应保存于冰箱中,一周内可使用),储存于棕色瓶中。

(4) 0.01mol/L NaOH 溶液:称取 0.04g NaOH,加蒸馏水定容至 100ml。

(5) 冰醋酸。

(6) 过氯酸。

(7) 1.6%乙醛溶液:量取 4ml 40%乙醛溶液加蒸馏水定容至 100ml。

**2. 器材**

坐标纸;吸管 0.20ml、0.50ml、1.0ml;试管;752 型紫外可见分光光度计;沸水浴装置。

【操作步骤】

**1. 标准曲线的绘制**

取 6 支试管,按下表加入各种试剂,混匀,于沸水浴 10min,冷却后,在 595nm 波长下,进行比色测定，以 DNA 浓度为横坐标，吸光度为纵坐标，绘制标准曲线。

| 试　剂 | 试管编号 | | | | | |
| --- | --- | --- | --- | --- | --- | --- |
| | 0 | 1 | 2 | 3 | 4 | 5 |
| 标准 DNA 溶液/ml | 0.0 | 0.4 | 0.8 | 1.2 | 1.6 | 2.0 |
| 蒸馏水/ml | 2.0 | 1.6 | 1.2 | 0.8 | 0.4 | 0.0 |
| 二苯胺试剂/ml | 4.0 | 4.0 | 4.0 | 4.0 | 4.0 | 4.0 |
| $A_{595nm}$ | | | | | | |

**2. 样品的测定**

取 2 支试管，各加入 1.0ml DNA 样液，1.0ml 蒸馏水，混匀。然后准确加入 4.0ml 二苯胺试剂，混匀，于沸水浴 10min，冷却后选 595nm 波长进行比色测定，根据所得的吸光度对照标准曲线求得 DNA 的质量(μg)。

**3. DNA 含量的计算**

根据测得的光吸收值，从标准曲线上查出相当该光吸光度的 DNA 含量，按下式计算出样品中 DNA 的含量，即

$$W=\frac{m_1}{m_2}\times 100\%$$

式中，$W$ 为 DNA 的质量分数(%)；$m_1$ 为样液中测得的 DNA 的质量(μg)；$m_2$ 为样液中所含样品的质量(μg)。

【思考题】

1. 该方法的适用范围是什么？
2. 二苯胺试剂中的过氯酸起什么作用？

# 实验8

# 紫外吸收法测定核酸含量

【实验目的】

掌握紫外吸收法测定核酸含量的原理；熟悉利用紫外分光光度计测定核酸含量的操作方法。

【实验原理】

核酸中的嘌呤碱和嘧啶碱具有共轭双键，因此碱基和含有碱基成分的核苷、核苷酸和核酸在 240～290nm 的紫外波段具有强烈的吸收峰。DNA 钠盐的紫外吸收在 260nm 附近有最大吸收值，其吸光率以 $A_{260nm}$表示，$A_{260nm}$是核酸的重要性质，在核酸的研究中被广泛应用。RNA 钠盐的吸收曲线与 DNA 相似。不同核苷酸又有不同的光吸收特性。因此，可以用紫外分光光度计法对核酸进行定量及定性分析。对于核酸溶液，只要测定其 $A_{260nm}$，即可利用核酸的比吸光系数计算溶液中核酸的量，核酸的比吸光系数是指浓度为 1μg/ml 的核酸水溶液在 260nm 处的吸光率，天然状态的双链 DNA 的比吸光系数为 0.020，变性 DNA 和 RNA 的比吸光系数为 0.022。通常 1OD 值相当于 50μg/ml 双螺旋 DNA，或 40μg/ml 单螺旋 DNA（或 RNA），或 20μg/ml 寡核苷酸。用这个方法测定核酸溶液的含量既快速，又准确，并且不会浪费样品。

当 DNA 样品中含有蛋白质、酚或其他小分子污染物时，会影响 DNA 吸光度的准确测定。一般情况下同时检测同一样品的 $A_{260nm}$、$A_{280nm}$和 $A_{230nm}$，计算其比值来衡量样品的纯度。由于蛋白质的最大吸收峰在 280nm 处，因此 $A_{260nm}/A_{280nm}$的比值可作为判断样品纯度的标准。纯 DNA 的 $A_{260nm}/A_{280nm}$应为 1.8，纯 RNA 的 $A_{260nm}/A_{280nm}$应为 2.0。若样品中含有杂蛋白及苯酚，$A_{260nm}/A_{280nm}$比值将明显降低。$A_{260nm}/A_{230nm}$可评估样品中是否存在一些污染物，如糖类、多肽、苯酚等，较纯净的核酸 $A_{260nm}/A_{230nm}$的比值大于 2.0。

【试剂和器材】

**1. 试剂**

(1) DNA 或 RNA 核酸样品溶液（5～50μg/ml）。

(2) 蒸馏水。

(3) 0.25%钼酸铵-2.5%过氯酸沉淀剂：取 70%（*m/V*）高氯酸 3.5ml，加到 90ml 蒸馏水中，再加入 0.25g 钼酸铵，溶解后定容至 100ml。

**2. 器材**

试管;吸量管;752 型紫外可见分光光度计。

【操作步骤】

**1. 核酸待测样品制备**

取 2 支试管,1 号管中加入 3ml 蒸馏水,2 号管中加入 2.99ml 蒸馏水与 10μl 核酸样品溶液,混匀。

**2. 核酸样品的测定**

以 1 号管为对照,测定 2 号样品管在 260nm、280nm 和 230nm 处的吸光值。如果待测的核酸样品中含有酸溶性核苷酸或可透析的低聚多核苷酸,则在测定前需加等体积的 0.25%钼酸-2.5%过氯酸沉淀剂,沉淀除去大分子核酸,测定上清液在 260nm 处的吸光度作为对照。

**3. 核酸样品含量的计算**

根据测得的吸光度,按下式计算出样品中核酸的含量:

$$\text{双链 DNA 浓度}(\mu g/ml)=A_{260nm}\times 50(\mu g/ml)\times\text{稀释倍数}$$

$$\text{RNA/单链 DNA 浓度}(\mu g/ml)=A_{260nm}\times 40(\mu g/ml)\times\text{稀释倍数}$$

$$\text{寡核苷酸浓度}(\mu g/ml)=A_{260nm}\times 20(\mu g/ml)\times\text{稀释倍数}$$

【思考题】

1. 该方法的适用范围是什么?
2. 如何用此方法判断核酸的纯度?
3. 钼酸铵-过氯酸沉淀剂的作用是什么?

# 实验9

# DNA的琼脂糖凝胶电泳

## 【实验目的】

学习并掌握琼脂糖凝胶电泳的原理和基本操作；掌握通过DNA的琼脂糖凝胶电泳测定DNA的纯度、含量和相对分子质量的技术。

## 【实验原理】

琼脂糖凝胶电泳是分子生物学中最常用的鉴定DNA的方法，它简便易行，只需少量(0.5～1.0μg)DNA。DNA分子在琼脂糖凝胶电泳中泳动是由电荷效应和分子筛效应所致，前者由分子所带电荷量的多少而定，后者则主要与分子大小及构象有关。DNA分子在高于其等电点的pH溶液中带负电荷，在电场中向正极移动。由于糖-磷酸骨架在结构上的重复性质，相同数量的双链DNA几乎具有等量的净电荷，因此它们能以同样的速度向正极移动。在一定的电场强度下，DNA分子的泳动速度取决于DNA分子大小和构象，具有不同相对分子质量的DNA片段其泳动速度不同，DNA分子的迁移速度与其相对分子质量的对数成反比。另外DNA分子的构象也可影响其迁移速度，同样相对分子质量的DNA，超螺旋共价闭环质粒DNA(covalently closed circular DNA，cccDNA)迁移速度最快，线状DNA(linear DNA)其次，开环DNA(open circular DNA，ocDNA)最慢。

观察琼脂糖凝胶中DNA的最简便方法是利用荧光染料溴化乙锭(EB)染色，EB分子是一种扁平分子，在紫外灯照射下，发出红色荧光。当DNA在琼脂糖凝胶电泳中泳动时，加入的EB就可以嵌入DNA双链的碱基之间，形成一种荧光络合物，使发色的荧光增强几十倍。而其他系列，如SYBR Green、Gel Red，虽然毒性小，但价格昂贵。荧光的强度正比于DNA的含量，如将已知的标准样品作电泳对照，就可估计出待测样品的浓度。琼脂糖凝胶电泳分离DNA的范围较广，用各种浓度的琼脂糖凝胶可以分离不同长度(200bp～50kb)的DNA。对于琼脂糖凝胶电泳，浓度通常为0.5%～2%，低浓度的用来进行大片段核酸的电泳，高浓度的用来进行小片段分析。具体情况见表9-1。

**表9-1　琼脂糖浓度和分离DNA相对分子质量的关系**

| 琼脂糖的含量/% | 分离线状DNA分子的有效范围/kb |
| --- | --- |
| 0.3 | 5～6 |
| 0.6 | 1～20 |
| 0.7 | 0.8～10 |
| 0.9 | 0.5～7 |

续表

| 琼脂糖的含量/% | 分离线状 DNA 分子的有效范围/kb |
|---|---|
| 1.2 | 0.4～6 |
| 1.5 | 0.2～4 |
| 2.0 | 0.1～3 |

DNA 在凝胶中的迁移距离(迁移率)与其分子大小(碱基对，bp)的对数成反比。将未知 DNA 的迁移距离与已知分子大小的 DNA 标准物的电泳迁移距离进行比较，即可计算出未知 DNA 片段的大小。DNA 电泳一定要使用 DNA Marker 或已知大小的正对照 DNA 来估计 DNA 片段大小。Marker 应该选择在目标片段大小附近梯度较密的，这样对目标片段大小的估计才比较准确。综上所述，通过 DNA 琼脂糖凝胶电泳可知 DNA 的纯度、含量和相对分子质量。

【试剂和器材】

**1. 试剂**

(1) 琼脂糖。

(2) 0.5×TBE 缓冲液：称取 Tris 10.88g、硼酸 5.52g 和 EDTA-$Na_2$ 0.72g，用蒸馏水溶解后，定容至 200ml，即配成 89mmol/L Tris，89mmol/L 硼酸，2mmol/L EDTA(pH 8.3)(5×)的缓冲液，简称 TBE 缓冲液(5×)。使用时，用蒸馏水稀释 10 倍，称为 TBE 稀释缓冲液(0.5×TBE)。

(3) 5mg/ml EB 溶液：准确称取 0.5g 的溴化乙锭，加重蒸水溶解，定容至 100ml，避光保存。

(4) 标准样品 DNA。

(5) 6×样品缓冲液：称取 0.025g 溴酚蓝和 0.025g 二甲苯青，再加 0.6ml 甘油，用蒸馏水定容至 10ml。

**2. 器材**

制胶模槽；微波炉；锥形瓶；小烧杯；容量瓶；微量加样器(移液枪或注射器)；电泳槽；电泳仪；紫外透射仪或凝胶自动成像仪。

【操作步骤】

**1. 琼脂糖凝胶的制备**

(1) 洗净有机玻璃制胶内槽，置水平位置备用。

(2) 根据制胶槽大小，称取一定量的琼脂糖，放入锥形瓶中，按 1%的浓度加入 0.5×TBE 缓冲液，锥形瓶上倒扣一个小烧杯，置微波炉或水浴加热至完全熔化，取出摇匀，冷却至约 60℃时，加入 EB 液，使 EB 终浓度为 0.5μg/ml(操作时戴手套)。

**2. 凝胶板的制备**

(1) 将冷却至约 60℃的琼脂糖凝胶缓慢倒入制胶模槽，厚度一般为 3～5mm，排除梳齿间或梳齿下的气泡(一般轻轻抖动梳子即可)。

(2) 室温下放置 30～40min 使琼脂糖完全凝固，小心取出梳子，将胶槽置于电泳槽内，加入 0.5×TBE 缓冲液，使液面高于胶面 1mm(图 9-1)。注意：电泳槽中缓冲液和配制凝胶的缓冲液完全一致，最好为同一次配制的溶液。常用的缓冲液有 TAE 和 TBE，而 TBE 比 TAE 有着更好的缓冲能力。电泳时使用新配制的缓冲液可以明显提高电泳效果。电泳缓冲液多次使用后，离子强度降低，pH 上升，缓冲性能下降，可能使 DNA 电泳产生条带模糊和不规则的 DNA 带迁移的现象。

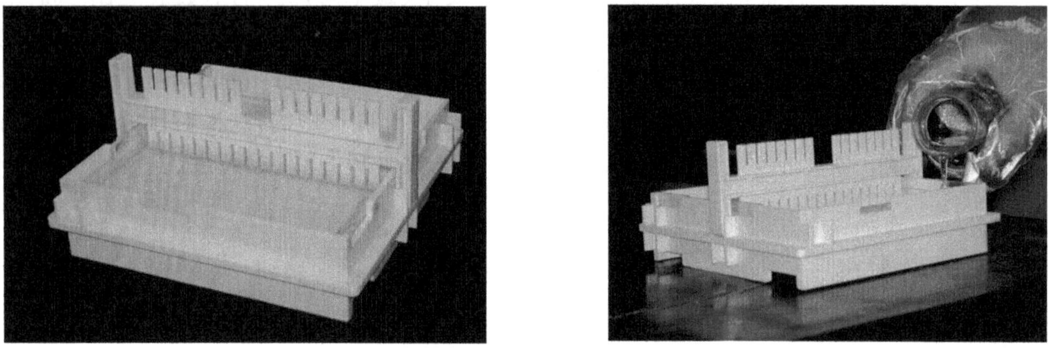

图 9-1 琼脂糖凝胶的制备

### 3. 加样

取样品液和标准样品 DNA 各 50μl，分别加入 10μl 溴酚蓝指示剂，混匀后，用微量加样器(移液枪或注射器)将样品加入点样孔中，枪头不可碰孔壁。0.5cm×0.5cm×0.15cm 的标准孔的最大上样容积为 37.5μl，单一分子 DNA 每孔可加入 DNA 100～500ng，DNA 的混合物每孔可加入 20～30μg，测相对分子质量时，两侧均应加标准样品 DNA，盐分过高的样品需脱盐。

### 4. 电泳

(1) 接通电泳槽和电泳仪，注意 DNA 向正极移动，加样端要接负极(图 9-2)。DNA 的迁移速度与电压成正比，电压选择为 1～5V/cm。电泳时电压不应该超过 20V/cm，电泳温度应该低于 30℃，对于巨大的 DNA 电泳，温度应该低于 15℃。注意如果电泳时电压和温度过高，可能导致出现条带模糊和不规则的 DNA 带迁移的现象。特别是电压太大可能导致小片段跑出胶而出现缺带现象。

(2) 当溴酚蓝染料移动到距凝胶前沿 1～2cm 处时，停止电泳。

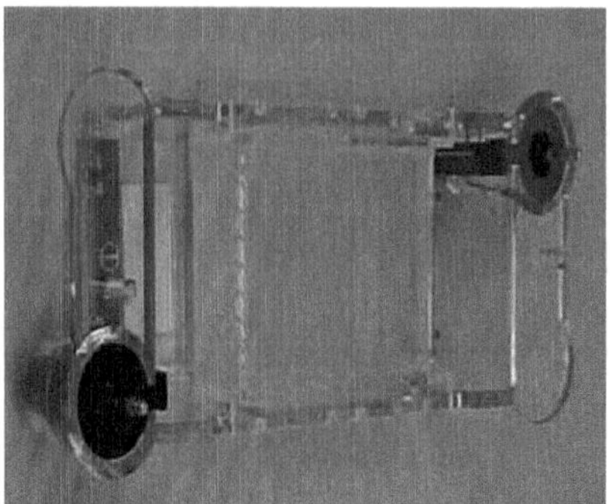

图 9-2 琼脂糖电泳槽

**5. 观察**

电泳结束后，将凝胶放进紫外透射仪或凝胶自动成像仪进行观察。

【注意事项】

(1) EB 为强致癌剂，使用时一定要戴手套。

(2) 加在凝胶中的 EB 电泳时向负极移动，使 DNA 迁移率下降 15%，对带形有一定的影响。可在凝胶中不加 EB，等电泳结束后，将凝胶置于 0.5μg/ml 的 EB 中染色 30min。

(3) 此外，如操作熟练，可将 EB 预先加入到琼脂糖中，使其浓度达到 0.5μg/ml，电泳完毕，取出，可立即在紫外灯下观察。

(4) 紫外灯下观察结果时，应戴防护眼镜。

(5) EB 废液要经过处理才可丢弃，较容易的方法：用水将其稀释成 0.5μg/ml 以下，加入 1 倍体积 0.5mol/L $KMnO_4$ 摇匀，再加 1 倍体积 2.5mol/L HCl 摇匀，室温下放置数小时，再加入 1 倍体积的 2.5mol/L NaOH 混匀即可废弃。

【思考题】

琼脂糖凝胶电泳如何测定 DNA 的相对分子质量？

# 实验10

# 肝糖原的提取和鉴定

【实验目的】

学会和掌握肝糖原提取和鉴定的原理和方法，并正确掌握使用离心机的方法步骤。

【实验原理】

肝糖原是糖在机体内的重要储存形式之一。储存量虽不多，但在代谢过程中，它是机体内糖的重要来源之一。其合成或分解对血糖浓度的调节起着重要的作用。糖原是高分子化合物（分子质量约4000kDa）。微溶于水，无还原性，与碘液反应生成棕红色溶液。提取糖原时将新鲜的肝组织与石英砂及三氯乙酸共同研磨，当肝组织充分破碎后，其中的蛋白质被三氯乙酸所沉淀，而糖原仍留于溶液中。离心除去沉淀，在上清液中加入乙醇溶液，糖原从溶液中沉淀析出。将沉淀的糖原溶于水，一部分做碘的颜色反应，一部分经酸水解成葡萄糖后，可用Benedict试剂检验其组成。

【试剂和器材】

**1. 试剂**

(1) 洁净石英砂。
(2) 10%三氯乙酸溶液：称取10g三氯乙酸，用蒸馏水溶解并定容至100ml。
(3) 5%三氯乙酸溶液：称取5g三氯乙酸，用蒸馏水溶解并定容至100ml。
(4) 95%乙醇。
(5) 浓盐酸(质量分数为37%)。
(6) 20%NaOH溶液：称取20g氢氧化钠，用蒸馏水溶解并定容至100ml。
(7) 碘-碘化钾溶液：称取碘1g，碘化钾2g，溶于500ml蒸馏水中。
(8) Benedict试剂：见实验4。
(9) 新鲜肝组织。

**2. 器材**

研钵；沸水浴装置；离心机和离心管；滤纸；小试管和试管架；广泛pH试纸；天平；药匙；手术剪刀；镊子等。

## 【操作步骤】

### 1. 肝糖原提取

(1) 用断头法处死兔或大鼠，立即取出肝脏，迅速以滤纸吸去附着的血液。称取肝组织约 2g，置研钵中，加少许石英砂及 10%三氯乙酸 2ml，研磨 5min。

(2) 再加 5%三氯乙酸 4ml，继续研磨 1min，至肝脏组织已充分磨成糜状为止，转入离心管，然后以 2500r/min 离心 10min。

(3) 小心将离心管上清液转入另一有刻度的离心管中并量取体积，加入同体积的 95%乙醇，混匀后，静置 10min，此时糖原成絮状沉淀析出。

(4) 将沉淀溶液以 2500r/min 离心 10min。弃去上清液，并将离心管倒置于滤纸上1～2min。

(5) 向离心管内加入蒸馏水 1ml 溶解沉淀，并用细玻璃棒搅拌沉淀至溶解，即成糖原溶液。

### 2. 鉴定

(1) 取 2 支小试管，一支加糖原溶液 10 滴；另一支加蒸馏水 10 滴，然后在两管中各加碘-碘化钾溶液 1 滴，混匀，比较两管溶液颜色有何不同，并解释之。

(2) 向剩余的糖原溶液加入浓盐酸 3 滴，混匀后置沸水浴中加热 10min 以上。取出冷却，然后滴加 20%NaOH 溶液至中性(期间可用 pH 试纸检测)。

(3) 在上述溶液内，加 Benedict 试剂 2ml，再置沸水浴中加热 5min，取出冷却。观察沉淀的生成，并解释之。

## 【注意事项】

1. 实验兔或大鼠在实验前必须饱食，因为空腹时肝糖原易于减少含量或耗尽。
2. 肝脏离体后，肝糖原会迅速分解。因此在杀死动物后，所得肝脏必须迅速以三氯乙酸处理以防其分解。

## 【思考题】

1. 提取肝糖原时，实验动物在实验前为什么必须是饱食的?
2. 在杀死实验动物后，离体肝脏为什么要迅速用三氯乙酸处理?
3. 提取肝糖原的第一步是将新鲜肝组织与三氯乙酸溶液置研钵中共同研磨，此时三氯乙酸的主要作用是什么?
4. 在提取肝糖原实验中，使糖原从溶液中沉淀析出应添加什么试剂?

# 实验11

# 卵磷脂的提取和鉴定

【实验目的】

掌握卵磷脂的提取方法及其鉴定方法。

【实验原理】

卵磷脂(lecithin)最早是从蛋黄中提取得到的磷脂,故得名,事实上动物的心、脑、肾、肝、骨髓及禽蛋的卵黄中卵磷脂的含量都很丰富。鸡蛋黄中的脂类含量为30%～33%,其中脂肪含量为20%,其余的则属磷脂类。磷脂是一种结合脂肪,其主要成分为卵磷脂和脑磷脂,也含有胆固醇和微量的神经磷脂和糖脂等。卵磷脂能溶解于乙醚、乙醇、甲醇、三氯甲烷等脂肪溶剂中,但不能溶解于丙酮,也不溶解于水。利用这一性质,可以将其同中性脂分开。卵磷脂中的胆碱基在碱性溶液中可分解成三甲胺,具有特殊的鱼腥味,可作为鉴别特征。

卵磷脂一般为淡黄色,但由于卵磷脂分子中含有不饱和脂肪酸,因此很容易氧化而逐渐由淡黄色变为棕褐色。

卵磷脂制品在医药上又称蛋黄素,临床上用于辅助治疗动脉粥样硬化、脂肪肝、神经衰弱及营养不良。一般食用可作为强身滋补剂。不同来源的制品疗效不同,大豆来源的卵磷脂更适合用于抗动脉粥样硬化。由于卵磷脂是维持胆汁中胆固醇溶解度的乳化剂,有可能成为胆固醇结石的防治药物。卵磷脂又可作为生物制剂,用于培养细菌,尤以固氮菌效果好。

【试剂和器材】

**1. 试剂**

(1) 鸡蛋卵黄。
(2) 95%乙醇。
(3) 10%NaOH 溶液:取 10g NaOH 溶解并定容至 100ml。
(4)丙酮。

**2. 器材**

烧杯;漏斗;蒸发皿;酒精灯;试管;铁架台;石棉网;量筒;水浴锅等。

【操作步骤】

**1. 提取**

于小烧杯内置蛋黄 2g,加入热 95%乙醇 15ml,边加边搅,冷却后过滤,如滤液混浊,则需重滤直到完全透明。将滤液置蒸发皿内，蒸汽浴上蒸干，残留物即为卵磷脂。

**2. 鉴定**

取提取的卵磷脂少许，置试管内加 10％NaOH 溶液 2ml，水浴加热，看是否产生鱼腥味。另取一些卵磷脂溶于 1ml 95％乙醇中，添加 1～2ml 丙酮，观察变化。

【思考题】

1. 卵磷脂的主要生理功能有哪些？
2. 工业用大豆卵磷脂是如何制备的？
3. 卵磷脂在食品工业的应用有哪些？

# 实验12

# 油脂酸价的测定

【实验目的】

掌握测定油脂中游离脂肪酸含量的方法。

【实验原理】

油脂暴露于空气中一段时间后，在脂肪水解酶或微生物繁殖的作用下，部分甘油三酯会分解产生游离的脂肪酸，使油脂变质酸败。因此，油脂中游离脂肪酸含量就能够反映油脂新鲜程度。游离脂肪酸的含量可以用中和1g油脂所需的氢氧化钾毫克数，即酸价来表示。酸价是评价油脂品质的指标之一，油脂中游离脂肪酸含量越高，中和时所用氢氧化钾的量就越高，所得的酸价越大，表明该油脂的质量越差。

反应式：

$$RCOOH + KOH \longrightarrow RCOOK + H_2O$$

【试剂和器材】

**1. 试剂**

(1) 乙醚-乙醇混合液：无水乙醚和95%乙醇按1∶1($V/V$)均匀混合，加酚酞指示剂，用0.10mol/L氢氧化钾溶液调至中性。

(2) 1%酚酞指示剂：称取1g酚酞溶于100ml 95%乙醇中。

(3) 0.1mol/L氢氧化钾溶液：称取0.56g KOH加蒸馏水溶解并定容至100ml。

**2. 器材**

三角瓶；碱式滴定管；水浴锅；滴定台等。

**3. 实验材料**

豆油或菜油。

【操作步骤】

取干燥洁净的三角瓶两只分别准确称取油脂样品1.5g，另取一只三角瓶不加油脂样品作为空白对照。在三只瓶中分别加入30ml乙醚-乙醇混合液，仔细摇动混匀，使油脂完全呈透明状态，可以酌情增加混合液用量或在50～60℃水浴上加热至完全溶解。油脂溶解后加入1%酚酞指示剂1～2滴，用0.10mol/L标准氢氧化钾溶液进行滴定至溶液出现浅红色，30s不褪色为止。酸价按下式进行计算：

$$酸价=\frac{V_2-V_1}{W}\times 0.10\times 56$$

式中，$V_2$为滴定油样时耗用氢氧化钾溶液的毫升数；$V_1$为滴定空白对照时耗用的氢氧化钾溶液毫升数；$W$ 为油样质量(g)。

【思考题】

1. 为什么油脂要选择乙醚-乙醇混合液来溶解？
2. 深色油测定酸价时应注意哪些问题？

# 实验13

## 维生素C的定量测定（2,6-二氯酚靛酚滴定法）

【实验目的】

掌握2,6-二氯酚靛酚法测定维生素C的原理和方法。

【实验原理】

维生素C又称抗坏血酸(ascorbic acid)。在1928年，从牛的肾上腺皮质中提取出的结晶物质，证明对治疗和预防坏血病有特殊功效，因此称为抗坏血酸。维生素C具有很强的还原性。其分子中$C_2$和$C_3$位上具有两个活泼的烯醇式羟基，极易脱氢氧化成去氢维生素C。因此它可分为还原型和氧化型。金属铜和酶(抗坏血酸氧化酶)可以催化维生素C氧化为氧化型。根据它具有的还原性质可测定其含量。

还原型维生素C能还原染料2,6-二氯酚靛酚钠盐，本身则氧化成脱氢维生素C。在酸性溶液中，氧化型2,6-二氯酚靛酚呈红色，被还原后变为无色。反应式如下：

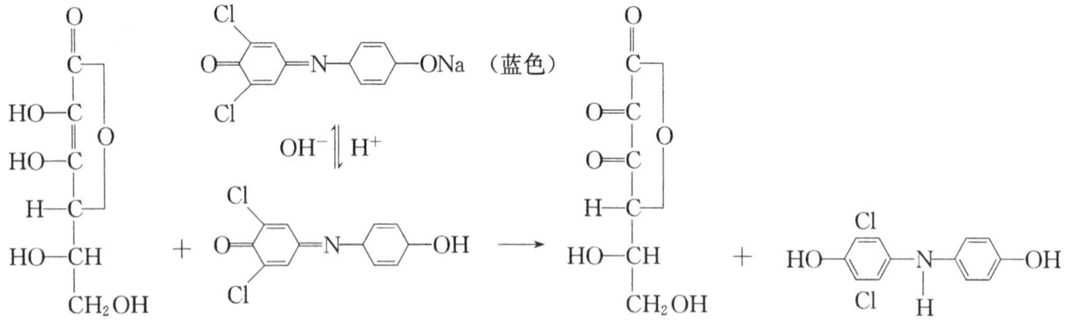

还原型维生素C　　2,6-二氯酚靛酚(红色)　　脱氢维生素C　　还原型2,6-二氯酚靛酚(无色)

因此，可用2,6-二氯酚靛酚滴定样品中的还原型维生素C。当维生素C全部被氧化后，稍多加一些染料，使滴定液呈淡红色，即为终点。如无其他杂质干扰，样品提取液所还原的标准染料量与样品中所含的还原型维生素C量成正比。

【试剂和器材】

**1. 试剂**

(1) 2%草酸溶液：草酸2g溶于100ml蒸馏水中。

(2) 1%草酸溶液：草酸1g溶于100ml蒸馏水中。

(3) 标准维生素C溶液(0.1mg/ml)：准确称取50.0mg纯维生素C，溶于1%草酸溶液，并稀释至500ml。储于棕色瓶中,冷藏,最好临用时配制。

(4) 1% HCl溶液。

(5) 0.1% 2,6-二氯酚靛酚溶液:2,6-二氯酚靛酚500g溶于300ml含有104mg $NaHCO_3$热水中,冷却后加水稀释至500ml,滤去不溶物,储棕色瓶内,冷藏(4℃约可保存一周)。每次临用时,以标准抗坏血酸液标定。

**2. 器材**

滤纸;吸管1.0ml、10.0ml;容量瓶100ml、500ml;锥形瓶100ml;微量滴定管5ml;电子分析天平;研钵;漏斗(Φ8cm)等。

**3. 材料**

松针、新鲜蔬菜(辣椒、青菜、西红柿等)、新鲜水果(橘子、柑子、橙、柚等)。

【操作步骤】

**1. 样品提取**

(1) 松针:用水将松针洗净,用滤纸吸去表面水分。称取1g松针,放入研钵中,加1% HCl溶液5ml一起研磨。放置片刻,将提取液转入50ml容量瓶中。如此反复2或3次。最后用1% HCl溶液稀释到刻度并混匀,静置10min,过滤,滤液备用。

(2) 新鲜蔬菜和水果类:水洗净,用纱布或吸水纸吸干表面水分。然后称取20.0g,加2%草酸100ml置组织搅碎机中打成浆状(2%草酸可抑制抗坏血酸氧化酶,1%草酸因浓度太低不能完成上述作用,偏磷酸有同样功效。若样品含有大量$Fe^{2+}$,可用8%乙酸溶液提取,如仍用偏磷酸或草酸为提取剂,$Fe^{2+}$可以还原二氯酚靛酚;如用乙酸则$Fe^{2+}$不会很快与染料起作用)。称取浆状物5.0g,倒入50ml容量瓶中以2%草酸溶液稀释直至刻度(如浆状物泡沫很多,可加数滴辛醇或丁醇)。静置10min,过滤(最初数毫升滤液弃去。若浆状物不易过滤,可离心取上清液测定)。滤液备用(如滤液颜色太深,滴定时不易辨别终点,可先用白陶土脱色)。

**2. 滴定**

(1) 标准液滴定。准确吸取标准维生素C溶液1.0ml(含0.1mg维生素C)置100ml锥形瓶中,加9ml 1%草酸,微量滴定管以0.1% 2,6-二氯酚靛酚滴定至淡红色,并保持15s即为终点(样品中某些杂质亦能还原二氯酚靛酚,但速度较维生素C慢,故终点以淡红色存在15s内为准)。由所用染料的体积计算出1ml染料相当于多少毫克抗坏血酸。

(2) 样液滴定。准确吸取滤液两份,每份10.0ml分别放入两个100ml锥形瓶内,滴定方法同前(注意:滴定过程宜迅速,一般不超过2min。滴定所用的染料不应少于1ml或多于4ml,如果样品含维生素C太高或太低时,可酌量增减样液)。

**3. 计算**

$$m=\frac{VT}{m_0}\times 100$$

式中,$m$为100g样品中含抗坏血酸的质量(mg);$V$为滴定时所用去的染料体积(ml);$T$为每毫升染料能氧化抗坏血酸质量数(mg/ml);$m_0$为10ml样液相当于含样品的质量数(g)。

【思考题】

1. 为什么滴定过程宜迅速?
2. 为什么滴定终点以淡红色存在15s内为准?

# 实验14

# 血清谷丙转氨酶活力测定

【实验目的】

了解转氨酶的性质及临床意义；掌握测定谷丙转氨酶（GPT 或 ALT）活力的方法。

【实验原理】

在氨基酸分解代谢中，氨基酸的转氨作用虽然在生物体内普遍存在，但是单靠转氨作用并不能最终脱掉氨基，因此必须借助于联合脱氨基作用。联合脱氨基作用是大多数氨基酸的主要代谢方式，通过转氨基作用与谷氨酸氧化脱氨基作用偶联而完成。此过程可用下式表示：

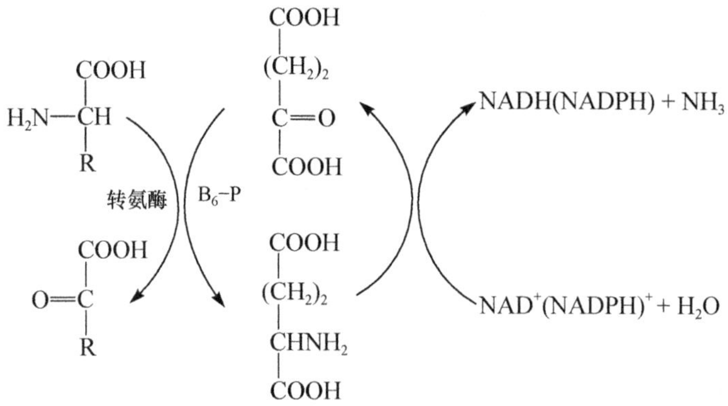


体内存在着多种转氨酶。不同氨基酸与 α-酮酸之间的转氨基作用只能由专一的转氨酶催化。在各种转氨酶中，以 L-谷氨酸与 α-酮酸的转氨酶最为重要。例如，谷丙转氨酶（glutamic pyruvic transaminase，GPT 或 ALT）和谷草转氨酶（glutamic oxaloacetic transaminase，GOT 或 AST），它们在体内广泛存在，但各组织中含量不等。正常时 GPT、GOT 在心和肝中的活性为最高。当某种原因使细胞膜通透性增高或细胞破坏时，转氨酶可以大量释放并进入血液，造成血清中转氨酶活性明显升高。因此临床上通常以此作为肝脏疾病诊断和预防的指标之一。

本实验以丙氨酸的氧化脱氨为例，测定谷丙转氨酶的活性。在谷丙转氨酶的催化下，丙氨酸和 α-酮戊二酸作用生成丙酮酸和谷氨酸。此反应可逆，平衡点接近于 1。无论正向或逆向反应皆可用于测定此酶的活性，既可测定所产生的氨基酸，也可测定生成的 α-酮酸，因此可有多种测定方法。

本实验以丙氨酸及 α-酮戊二酸作为谷丙转氨酶（GPT 或 ALT）作用的底物，利用内源性磷酸吡哆醛作辅酶，在一定条件及时间作用后测定所生成的丙酮酸的量来确定其酶活力。丙酮酸能与 2，4-二硝基苯肼结合，生成丙酮酸-2，4-二硝基苯腙，后者在碱性溶液中呈现棕色，其吸收光谱的峰为 439～530nm，可用于测定丙酮酸含量。反应式如下：

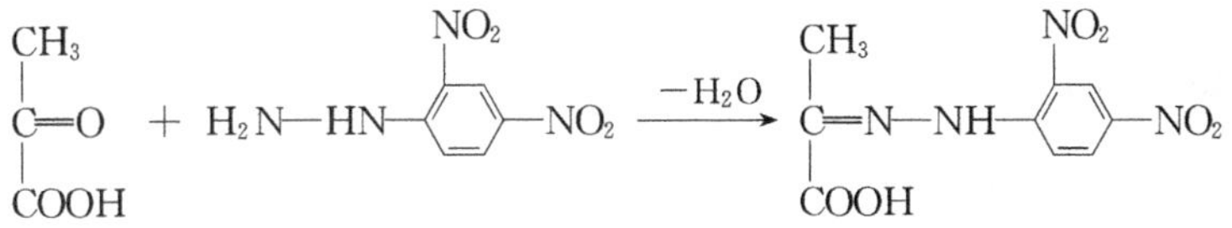

丙酮酸　　2，4-二硝基苯肼　　丙酮酸-2，4-二硝基苯腙

$\alpha$-酮戊二酸也能与 2，4-二硝基苯肼结合，生成相应的苯腙，但后者在碱性溶液中吸收光谱与丙酮酸二硝基苯腙稍有差别，在 520nm 波长比色时，$\alpha$-酮戊二酸二硝基苯腙的吸光值远较丙酮酸二硝基苯腙为低(约相差 3 倍)。经转氨酶作用后，$\alpha$-酮戊二酸的吸光度减少而丙酮酸增加，因此，在波长 520nm 处吸光值增加的程度与反应体系中丙酮酸与 $\alpha$-酮戊二酸的摩尔比基本上呈线性关系，故可以借以测定谷丙转氨酶的活力。

但是，由于在实验中不宜有过多的 $\alpha$-酮戊二酸以降低其对显色的干扰，因此，对于作为底物的 $\alpha$-酮戊二酸浓度做了一定的限制，从而不能保证酶反应充分进行，以致丙酮酸产量与酶之间的关系并不始终成一直线。当酶量增大时，曲线斜率减小。因此在测定时，如酶活力较大(大于 100 单位)，应将样品稀释后再进行测定。

另外，2，4-二硝基苯肼对此显色反应也有一定的干扰，因此，在制作丙酮酸标准曲线时，虽没有加 $\alpha$-酮戊二酸，但是丙酮酸二硝基苯腙的吸光度与丙酮酸含量之间的关系也并不始终呈一直线关系，丙酮酸含量增大时，曲线斜率降低，因此，必须采用标准曲线中呈现出直线关系的部分来测定丙酮酸的生成量。

## 【试剂和器材】

### 1. 试剂

(1) 谷丙转氨酶基质缓冲液(pH7.4)：精确称取 DL-丙氨酸 1.78g 和 $\alpha$-酮戊二酸 29.2mg，先溶于 0.1mol/L 磷酸盐缓冲液约 50ml 中，然后以 1mol/L NaOH 校正 pH7.4，再用 0.1mol/L 磷酸盐缓冲液稀释至 100ml。充分混合，分装在小瓶中，冰冻保存。

(2) 2，4-二硝基苯肼液：准确称取 2，4-硝基苯肼 19.8mg，溶于 10mol/L 盐酸 10ml 中，溶解后再加蒸馏水至 100ml。

(3) 4mol/L NaOH：称取 16g NaOH，加蒸馏水并定容至 100ml 即得。用于实验时，加蒸馏水定容至 1000ml，即为 0.4mol/L NaOH 溶液。

(4) 2$\mu$mol/L 丙酮酸钠标准液：准确称取丙酮酸钠 22mg，先溶于少量 pH7.4、0.1mol/L 磷酸缓冲液后，再用其定容至 100ml。混匀后，置冰箱中保存。

(5) 0.1mol/L 磷酸缓冲液(pH7.4)：称取无水磷酸二氢钾 2.69g，加蒸馏水溶解后移至 1L 容量瓶中，校正 pH 至 7.4，然后加蒸馏水至刻度，储存于冰箱内备用。

### 2. 器材

试管；移液器；恒温水浴锅；分光光度计；容量瓶等。

### 3. 实验材料

正常人血清。

【操作步骤】

**1. 标准曲线的绘制**

取试管 6 支，按下表进行操作。

| 试　剂 | 试管编号 | | | | | |
|---|---|---|---|---|---|---|
| | 0 | 1 | 2 | 3 | 4 | 5 |
| 0.1mol/L 磷酸缓冲液/ml | 0.10 | 0.10 | 0.10 | 0.10 | 0.10 | 0.10 |
| 2μmol/L 丙酮酸标准液/ml | 0.00 | 0.05 | 0.10 | 0.15 | 0.20 | 0.25 |
| 基质缓冲液/ml | 0.50 | 0.45 | 0.40 | 0.35 | 0.30 | 0.25 |
| 2,4-二硝基苯肼液/ml | 0.50 | 0.50 | 0.50 | 0.50 | 0.50 | 0.50 |
| 相当于酶活力卡门氏单位 | 0 | 28 | 57 | 97 | 150 | 200 |
| 混匀后，37℃水浴 20min | | | | | | |
| 0.4mol/L NaOH 溶液/ml | 5.00 | 5.00 | 5.00 | 5.00 | 5.00 | 5.00 |
| 吸光度 | | | | | | |

室温放置 10min，在 520nm 比色，以 0 号管调零，测各管吸光度。以各管吸光度为纵坐标，相应的卡门氏单位为横坐标，作标准曲线图。

**2. 样品的测定**

另取 2 支试管，按下表进行操作。

| 试　剂 | 试　管 | |
|---|---|---|
| | 测定管 | 对照管 |
| 血清/ml | 0.1 | — |
| 基质缓冲液/ml，37℃预温 5min | 0.5 | 0.5 |
| 混匀后，37℃水浴 30min | | |
| 2,4-二硝基苯肼液/ml | 0.5 | 0.5 |
| 血清/ml | — | 0.1 |
| 混匀后，37℃水浴 20min | | |
| 0.4mol/L NaOH 溶液/ml | 5.0 | 5.0 |

室温放置 10min，在 520nm 比色，以对照管调零，测各管吸光值。以各管吸光值，查标准曲线，求得相应的 GPT 活力单位。

【思考题】

1. 国内曾采用的血清转氨酶比色测定法有哪几种？
2. 转氨酶在代谢过程中的重要作用及在临床诊断中的意义有哪些？

# 第二部分　综合性实验

# 实验15

## SDS-PAGE 测定蛋白质相对分子质量

【实验目的】

了解 SDS-PAGE 的原理；掌握 SDS-PAGE 测定蛋白质的相对分子质量方法。

【实验原理】

聚丙烯酰胺凝胶电泳(polyacrylamide gel electrophoresis，PAGE)，是以聚丙烯酰胺凝胶作为支持介质的一种常用电泳技术。聚丙烯酰胺凝胶由单体丙烯酰胺和甲叉双丙烯酰胺聚合而成，聚合过程由自由基催化完成。催化聚合时以过硫酸铵(AP)为催化剂，以四甲基乙二胺(TEMED)为加速剂。在聚合过程中，TEMED 催化过硫酸铵产生自由基，后者引发丙烯酰胺单体聚合，同时甲叉双丙烯酰胺与丙烯酰胺链间产生甲叉键交联，从而形成三维网状结构，网孔的大小和凝胶浓度成反比。

PAGE 根据其有无浓缩效应，分为连续系统和不连续系统两大类，连续系统电泳体系中缓冲液 pH 及凝胶浓度相同，带电颗粒在电场作用下，主要靠电荷和分子筛效应。不连续体系中浓缩胶是凝胶浓度较低的大孔胶，凝胶缓冲液为 pH6.7 的 Tris-HCl 缓冲液。分离胶是凝胶浓度较高的小孔胶，凝胶缓冲液为 pH8.9 Tris-HCl 缓冲液。电极缓冲液是 pH8.3 Tris-甘氨酸缓冲液。2 种孔径的凝胶(浓缩胶和分离胶)、2 种缓冲体系(Tris-HCl 和 Tris-甘氨酸)、3 种 pH(6.7、8.3 和 8.9)使不连续体系形成了凝胶孔径、pH、缓冲液离子成分的不连续性，在浓缩胶中，其 pH 环境呈弱酸性，因此甘氨酸解离很少，其在电场的作用下，泳动效率低；而 $Cl^-$ 的泳动率却很高，两者之间形成导电性较低的区带，蛋白质分子的泳动率就介于两者之间。由于导电性与电场强度成反比，这一区带便形成了较高的电压梯度，压着蛋白质分子聚集到一起，浓缩为一狭窄的区带。当样品进入分离胶后，由于凝胶中 pH 的增加，呈碱性，甘氨酸大量解离，泳动速率增加，直接紧随 $Cl^-$ 之后，低电导区域消失，同时由于分离胶孔径的缩小，在电场的作用下，蛋白质分子根据其固有的带电性和分子大小进行分离，这是样品浓缩的主要因素。不连续系统中由于缓冲液离子成分、pH、凝胶浓度及电位梯度的不连续性，带电颗粒在电场中泳动不仅有电荷效应，分子筛效应，还具有浓缩效应，因而其分离条带清晰度及分辨率均较连续系统好。

蛋白质在聚丙烯酰胺凝胶中电泳时，它的迁移率取决于它所带净电荷及分子的大小和形状等因素。如果加入一种试剂使电荷因素消除，那电泳迁移率就取决于分子的大小，就可以用电泳技术测定蛋白质的相对分子质量。1967 年，Shapiro 等发现阴离子去污剂十二烷基硫酸钠(SDS)具有这种作用。当向蛋白质溶液中加入足够量 SDS 和巯基乙醇，可使蛋白质分子中的二硫键还原及次级键断裂。由于十二烷基硫酸根带负电，各种蛋白质-SDS 复合物都带上相同密度的负电荷，它的量大大超过了蛋白质分子原有的电荷量，因而掩盖了不同种蛋白质间原有的电荷差别，SDS 与蛋白质结合后，还可引起构象改变，蛋白质-SDS 复合物形成近似"雪茄烟"形的长椭圆棒，不同蛋白质的 SDS 复合物的短轴长度都一样，这样的蛋白质-SDS 复合物，在凝胶中的迁移率，不再受蛋白质原电荷和形状的影响，而取决于相对分子质量的大小。由于蛋白质-SDS 复合物在单位长度上带有相等的电荷，因此它们以相等的迁移速度从浓缩胶进入分离胶，进入分离胶后，由于聚丙烯酰胺的分子筛作用，小分子的蛋白质可以容易地通过凝胶孔径，阻力小、迁移速度快；大分子蛋白质则受到较大的阻力而滞后，这样蛋白质在电泳过程中就会根据其各自相对分子质量的大小而被分离。因而 SDS-PAGE 可以用于测定蛋白质的相对分子质量。当分子质量为 15～200kDa 时，蛋白质的迁移率和相对分子质量的对数呈线性关系，符合公式：$\lg MW = K - bX$，MW 为相对分子质量，$X$ 为迁移率，$K$、$b$ 均为常数，若将已知相对分子质量的标准蛋白质的迁移率对相对分子质量对数作图，可获得一条标准曲线，未知蛋白质在相同条件下进行电泳，根据它的电泳迁移率即可在标准曲线上求得相对分子质量。

SDS-PAGE 经常应用于提纯过程中纯度的检测，纯化的蛋白质通常在 SDS 电泳上应只有一条带，但如果蛋白质是由不同的亚基组成的，它在电泳中可能会形成分别对应于各个亚基的几条带。SDS-PAGE 具有较高的灵敏度，一般只需要不到微克量级的蛋白质，而且通过电泳还可以同时得到关于相对分子质量的情况，这些信息对于了解未知蛋白及设计提纯过程都是非常重要的。

SDS-PAGE 可以用圆盘电泳，也可以用垂直平板电泳，本实验用目前常用的垂直平板电泳，该法样品的起点一致，便于比较。

## 【试剂和器材】

### 1. 试剂

(1) 凝胶储备液：丙烯酰胺(Acr)29.2g，亚甲基双丙烯酰胺(Bis)0.8g，加重蒸水至 100ml。4℃冰箱保存，30 天以内使用。Acr 及 Bis 固体应避光储存在棕色瓶中，因自然光、超声波及 γ 射线均可引起 Acr 自身聚合或形成亚胺桥而交联，造成试剂失效。值得注意的是，配制的 Acr 和 Bis 储液的 pH 为 4.9～5.2，当 pH 的改变大于 0.4 pH 单位则不能使用，因在偏酸或偏碱的环境中，它们可不断水解放出丙烯酸和 $NH_3$、$NH_4^+$ 而引起 pH 改变，从而影响凝胶聚合。因此，配制的 Acr 和 Bis 储液应置于棕色瓶中，4℃储存，存放期一般以不超过 1～2 个月为宜。

(2) 分离胶缓冲液：1.5mol/L Tris-HCl(pH8.9)，18.15g Tris(三羟甲基氨基甲烷)，加约 80ml 重蒸水，用 1mol/L HCl 调 pH 到 8.9，用重蒸水稀释至最终体积为 100ml，4℃冰箱保存。

(3) 浓缩胶缓冲液：0.5mol/L Tris-HCl(pH6.8)，6g Tris，加约 60ml 重蒸水，用 1mol/L HCl 调 pH 至 6.8，用重蒸水稀释至最终体积为 100ml，4℃冰箱保存。

(4) 10%SDS：10g SDS，加重蒸水至 100ml，分装后－20℃保存，临用前室温溶解。SDS 与蛋白质的结合量有一定的要求，当 SDS 单体浓度在 1mmol/L 时，1g 蛋白质可与 1.4g SDS 结合才能生成 SDS-蛋白质复合物。巯基乙醇可使蛋白质间的二硫键还原，使 SDS 易与蛋白质结合。样品溶解液中，SDS 的浓度至少比蛋白质的量高 3 倍，低于这个比例，可能影响样品的迁移率，因此，SDS 用量约为样品量 10 倍以上。此外，样品溶解液应采用低离子强度，最高不超过 0.26，以保证在样品溶解液中有较多的 SDS 单体。在处理蛋白质样品时，每次都应在沸水浴中保温 3～5min，以免有亚稳聚合物存在。

(5) 两种样品缓冲液。

a. 2 倍还原缓冲液：

| | |
|---|---|
| 0.5mol/L Tris-HCl(pH 6.8) | 2.5ml |
| 甘油 | 2.0ml |
| 10%SDS | 4.0ml |
| 0.1%溴酚蓝 | 0.5ml |
| β-巯基乙醇 | 1.0ml |
| 总体积 | 10ml |

b. 2 倍非还原缓冲液：

| | |
|---|---|
| 重蒸水 | 1.0ml |
| 0.5mol/L Tris-HCl(pH 6.8) | 2.5ml |
| 甘油 | 2.0ml |
| 10%SDS | 4.0ml |
| 0.1%溴酚蓝 | 0.5ml |
| 总体积 | 10ml |

(6) 电极缓冲液：pH 8.3，Tris 3g，甘氨酸 14.4g，SDS 1.0g 加重蒸水至 1000ml，4℃冰箱保存。

(7) 低相对分子质量标准蛋白质(上海产)：开封后溶于 200μl 重蒸水，加 200μl 2 倍样品缓冲液(还原缓冲液)，分装 20 小管，－20℃保存。临用前沸水浴 3～5min，其相对分子质量($M_r$)如表 15-1 所示。

**表 15-1 标准蛋白质的相对分子质量**

| 标准蛋白质 | $M_r$ |
|---|---|
| 兔磷酸化酶 B | 97 400 |
| 牛血清清蛋白 | 66 200 |
| 兔肌动蛋白 | 43 000 |
| 牛碳酸酐酶 | 31 000 |
| 胰蛋白酶抑制剂 | 20 100 |
| 鸡蛋清溶菌酶 | 14 400 |

(8) 10%的过硫酸铵：此溶液需临用前配制或配制后分装，于－20℃储存。

(9) 染色液：0.25g 考马斯亮蓝 R250，加入 91ml 50%乙醇，9ml 冰醋酸。

(10) 脱色液：50ml 乙醇，75ml 冰醋酸与 875ml 重蒸水混合。

(11) 待测相对分子质量的样品。

(12) TEMED(四甲基乙二胺)，4℃保存。

**2. 器材**

直流稳压电泳仪；垂直平板电泳槽；移液器(1.0ml、200μl、20μl)；微量注射器(20μl)；试管;滴管;直尺;恒温水浴锅;钢丝等。

【操作步骤】

**1. 安装方法**

将垂直平板电泳槽装好,不同的电泳槽安装的方法不同,按说明书进行。

**2. 分离胶的选择和配制方法**

(1) 按照蛋白质不同的相对分子质量选用不同浓度的分离胶。

| 蛋白质相对分子量的范围 | 分离胶浓度/% |
|---|---|
| $<10^4$ | 20～30 |
| $1\times10^4\sim4\times10^4$ | 15～20 |
| $4\times10^4\sim1\times10^5$ | 10～15 |
| $1\times10^5\sim5\times10^5$ | 5～10 |
| $>5\times10^5$ | 2～5 |

(2) 不同浓度分离胶的配制方法如下表。

| 试　剂 | 分离胶浓度 | | | | |
|---|---|---|---|---|---|
| | 20% | 15% | 12% | 10% | 7.5% |
| 重蒸水/ml | 0.75 | 2.35 | 3.35 | 4.05 | 4.85 |
| 1.5mol/L Tris-HCl(pH 8.9)/ml | 2.5 | 2.5 | 2.5 | 2.5 | 2.5 |
| 10% SDS/ml | 0.1 | 0.1 | 0.1 | 0.1 | 0.1 |
| 凝胶储备液(Acr/Bis)/ml | 6.6 | 5.0 | 4.0 | 3.3 | 2.5 |
| 10%过硫酸铵/μl | 45 | 45 | 45 | 45 | 45 |
| TEMED/μl | 5 | 5 | 5 | 5 | 5 |
| 总体积/ml | 10 | 10 | 10 | 10 | 10 |

**3. 分离胶的灌制**

根据待测蛋白质样品的相对分子质量选择合适的分离胶浓度,本实验选用牛血清清蛋白(BSA)为待测相对分子质量的样品(其相对分子质量约为 66 200),选用 12%的分离胶。在 15ml 试管中依次加入重蒸水 3.35ml,1.5mol/L Tris-HCl(pH8.9)缓冲液 2.5ml,10% SDS 0.1ml、凝胶储备液 4.0ml,10%过硫酸铵 45μl 和 TEMED 5μl。由于加入 TEMED 后凝胶就开始聚合,因此应立即混匀混合液,然后用滴管吸取分离胶,在电泳槽的两玻璃之间灌注,留出梳齿的齿高加 1cm 的空间以便灌注浓缩胶。用滴管小心地在溶液上覆盖一层重蒸水,将电泳槽垂直静置于室温下 30～60min,分离胶则聚合,待分离胶聚合完全后,除去覆盖的重蒸水,并应尽可能去除干净(图 15-1)。

图 15-1 凝胶的制备

**4. 浓缩胶的配制和灌制**

一般采用3%的浓缩胶。配制方法：重蒸水3.12ml，0.5mol/L Tris-HCl缓冲液(pH6.8)1.25ml，10% SDS 0.05ml，凝胶储备液(Acr/Bis)0.6ml，10%过硫酸铵25μl，TEMED 5μl，在试管中混匀，灌注在分离胶上。小心插入梳齿，避免混入气泡，将电泳槽垂直静置于室温下至浓缩胶完全聚合(约30min)(图15-1)。

**5. 样品的制备**

(1) 标准蛋白质样品的制备：取出一管预先分装好的20μl低相对分子质量的标准蛋白质，放入沸水浴中加热3～5min或70℃恒温10min，取出冷至室温。

(2) 待测样品的制备：10μl BSA(5μg BSA)加10μl 2倍还原缓冲液(a管)；10μl BSA(5μg BSA)加10μl 2倍非还原缓冲液(b管)。

以上a、b两管放入沸水浴中加热3～5min或70℃恒温10min，取出冷至室温。

**6. 电泳**

(1) 待浓缩胶完全聚合后，小心拔出齿梳，用电极缓冲液洗涤加样孔(梳孔)数次，放入电泳槽，注入电极缓冲液(图15-2)。

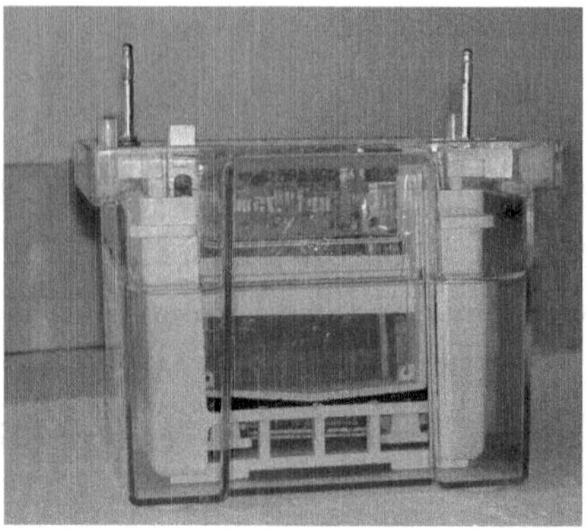

图 15-2 电泳槽

(2) 用微量注射器依次向凝胶梳孔内加样。

(3) 接上电泳仪,上电极接电源的负极,下电极接电源的正极。打开电泳仪电源开关,调节电流至 20～30mA 并保持电流强度恒定。待蓝色的溴酚蓝条带迁移至距凝胶下端约 1cm 时,停止电泳。

**7. 染色与脱色**

小心将胶取出,置于一大培养皿中,在溴酚蓝条带的中心插一细钢丝作为标志。加染色液染色 1h,倾出染色液,加入脱色液,数小时更换一次脱色液,直至背景清晰。染色和脱色时注意振荡凝胶以便充分染色和脱色。

**8. 相对分子质量的计算**

用直尺分别量出标准蛋白质、待测蛋白质区带中心及钢丝距分离胶顶端(与浓缩胶相接处)的距离,按下式计算相对迁移率:

$$\text{相对迁移率}=\frac{\text{样品迁移距离(cm)}}{\text{染料迁移距离(cm)}}$$

样品迁移距离是指分离胶顶端与蛋白质区带中心的距离,染料迁移距离是指分离胶顶端与钢丝(溴酚蓝前沿)的距离。以标准蛋白质相对分子质量的对数对其相对迁移率作图,得到标准曲线。根据待测蛋白质样品的相对迁移率,从标准曲线上查出其相对分子质量。

【思考题】

1. 样品溶液中各种试剂的作用是什么?
2. 本实验是否需在低温下进行?
3. 电泳过程中正负极将发生什么变化?
4. 影响实验误差可能的原因是什么?根据实验进行分析。

# 实验16

# 蛋白质印迹

【实验目的】

理解蛋白质印迹的原理;掌握蛋白质印迹的方法。

【实验原理】

蛋白质印迹(Western blotting)又称为免疫印迹(immunoblotting),与 Southern blotting 或 Northern blotting 杂交方法类似,但它是基于抗原抗体的特异性结合原理,检测混合样品中的某种蛋白质的方法。被检测物是蛋白质,“探针”是抗体,“显色”用标记的二抗。该法是在凝胶电泳和固相免疫测定技术的基础上发展起来的一种免疫生化技术。经过 PAGE 分离的蛋白质样品,转移到固相载体(如硝酸纤维素薄膜)上,固相载体以非共价键形式吸附蛋白质,且能保持电泳分离的多肽类型及其生物学活性不变。以固相载体上的蛋白质或多肽作为抗原,与对应的抗体起免疫反应,再与酶或同位素标记的第二抗体起反应,经过显色以检测电泳分离的特异性目的基因表达的蛋白质成分。蛋白质印迹显色的方法主要有放射自显影、底物化学发光、底物荧光及底物显色。由于蛋白质印迹具有 SDS-PAGE 的高分辨率和固相免疫测定技术的高特异性和敏感性,现已成为蛋白质分析的一种常规技术。

蛋白质印迹通常分为三步:①将蛋白质(如待测定抗原)进行 SDS-PAGE 电泳垂直平板电泳;②将抗原用电转移法转移并固定到特殊的载体上(常用的是硝酸纤维素膜);③免疫学检测。利用抗原抗体的反应来鉴定某种蛋白质,并能对蛋白质进行定性和半定量分析。有时也可用来检测特异的抗体,如检测单克隆抗体。蛋白质印迹可检测 1～5ng 的蛋白质。

本实验用抗组氨酸标签(His-tag)的单克隆抗体来检测原核细菌重组蛋白的表达。

【试剂和器材】

**1. 试剂**

(1) 甘氨酸(Gly)。
(2) 甲醇。
(3) 三羟甲基氨基甲烷(Tris)。
(4) 吐温 20(Tween 20)。
(5) 氯化钠。
(6) SDS-PAGE 缓冲液(见实验 15)。
(7) 预染 SDS-PAGE 标准品(prestained SDS-PAGE standard)。

(8) 印迹缓冲液：25mmol/L Tris，192mmol/L Gly，体积分数为 20%甲醇，pH8.3（6.05g Tris＋28.83g Gly＋400ml 甲醇，用蒸馏水定容至 2000ml，现配现用）。

(9) TBS（Tris-NaCl 缓冲溶液）：10mmol/L Tris，0.5mol/L NaCl，调 pH 至 7.5（10×TBS 储存液：Tris 12.1g＋NaCl 292.2g，加蒸馏水约 700ml，调 pH 至 7.5，用蒸馏水定容至 1000ml。使用时用蒸馏水稀释 10 倍）。

(10) TBS-T：TBS 加 0.05%Tween 20。

(11) 封闭液：含 3%脱脂奶粉的 TBS 缓冲液。

(12) 单克隆抗体（一抗）：本实验用 His-tag 的单克隆抗体。

(13) 碱性磷酸酶标记的羊抗鼠 Ig（二抗）。

(14) 底物溶液：NBT（四唑氮蓝，nitroblue tetrazolium salt，10×）和 BCIP（5-溴-4-氯-3-吲哚基-磷酸盐，5-bromo-4-chloro-3-indolyl phosphate，10×）各1ml，加蒸馏水8ml，使用前配制。

**2. 器材**

滤纸；硝酸纤维素膜；小塑料盒；塑胶手套（一次性）；镊子；玻璃平皿；垂直板电泳槽、电泳仪；电泳转移槽及相关配件；水平摇床；制冰机；移液器；离心机等。

【操作步骤】

**1. SDS-聚丙烯酰胺凝胶电泳（SDS-PAGE）**

将表达了含 His-tag 标签蛋白的大肠杆菌菌液离心，弃上清后，用蒸馏水重悬菌体至 $A_{600nm}$为 0.5，将菌液梯度稀释 10 倍、100 倍、1000 倍。每个浓度分别取 10μl，以及低相对分子质量的标准蛋白质 5～10μl 分别加入 10μl 还原样品缓冲液，混匀后参照实验 15 进行 SDS-PAGE。

**2. 电转移**

(1) 戴塑胶手套将硝酸纤维素膜和滤纸裁成与印迹凝胶大小一致的方块。

(2) 将 SDS-PAGE 后准备印迹的凝胶和硝酸纤维素膜分别放入装有印迹缓冲液的小塑料盒中，漂洗 10min。

(3) 将滤纸用印迹缓冲液浸透，在电转移的印迹槽中由下向上依次放 3 张滤纸、硝酸纤维素膜、凝胶、3 张滤纸（图 16-1）。整个操作要不断地赶去气泡，膜两边的滤纸不能相互接触，以免发生短路。

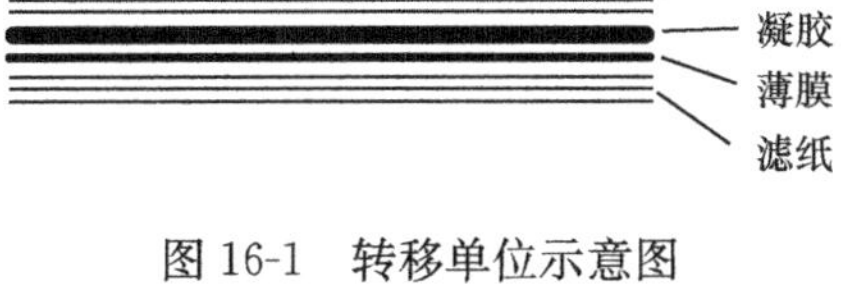


图 16-1　转移单位示意图

(4) 印迹槽中倒入印迹缓冲液，将印迹夹放入，凝胶朝负极，硝酸纤维素膜朝正极（光泽面朝上），印迹时电流从负极到正极，凝胶上的蛋白质从负极向正极转移，蛋白质即印迹到硝酸纤维素膜上。

(5)电印迹：接通电源，调电压至 100V，同时印迹槽外面加冰或通冷凝水，印迹 1～2h 后，切断电源。印迹结束后，可以将凝胶进行考马斯亮蓝染色，以检查蛋白质印迹是否完全。

**3. 抗原检测**

(1) 印迹完毕后，用镊子小心取出硝酸纤维素膜，放在装有 TBS 的小塑料盒中，加入 TBS 使硝酸纤维素膜能够完全浸没(10～20ml)，室温下置于水平摇床上振荡 5min，倒掉 TBS。

(2) 在小塑料盒中加入封闭液，使硝酸纤维素膜能够完全浸没在封闭液中，室温在水平摇床上振荡 1h。

(3) TBS-T 洗涤硝酸纤维素膜 3 次，每次 5min。

(4) TBS 漂洗一次，5min。

(5) 从硝酸纤维素膜上剪下低相对分子质量预染 SDS-PAGE 标准品的条带，晾干并保存。

(6) 在小塑料盒中加入 His-tag 的抗体溶液(5μg/ml 抗体配在封闭液中)，在 4℃下振荡过夜或室温下振荡至少 2h。

(7) 用 TBS-T 洗涤 3 次，每次 5min。

(8) 加入 TBS-T 配制的酶标二抗(按商品要求配制)：本实验用碱性磷酸酶标记的羊抗鼠 Ig，在室温慢慢振荡 1～2h。

(9) 用 TBS-T 洗涤 3 次，每次 5min。TBS 漂洗 2 次。

(10) 加底物溶液，在室温反应 10～30min，至抗原区带呈现明显的紫色条带，将膜取出。

(11) 终止反应：以蒸馏水洗涤以终止反应，将硝酸纤维素膜夹在滤纸间，干燥、暗处保存。

【思考题】

1. 滤纸、凝胶与硝酸纤维素薄膜为何要裁成大小一致？
2. 封闭液的作用是什么？

# 实验17

## 疏水层析分离纯化 α-淀粉酶

【实验目的】

了解疏水层析的原理；学会用疏水层析分离纯化蛋白质。

【实验原理】

疏水层析(hydrophobic interaction chromatography，HIC)也称疏水相互作用层析。水溶液中的蛋白质分子表面有 Leu、Ile、Val 和 Phe 等，其非极性侧链形成疏水区，因而很容易与其他高分子化合物上的疏水基团作用而被吸附，由于不同蛋白质分子的疏水区强弱有较大差异，造成与疏水吸附剂间相互作用的强弱不同，改变层析条件，可使不同的蛋白质洗脱下来。

影响疏水相互作用的因素有蛋白质本身的疏水性和蛋白质所处的环境，疏水层析的疏水吸附剂一般在较高离子强度下吸附蛋白质，然后改变层析条件，降低盐浓度，可按低盐、水和有机溶剂顺序减弱疏水作用和洗脱，使不同蛋白质解吸下来，本实验用 40%乙醇将 α-淀粉酶洗脱下来。

实验中分离的 α-淀粉酶是经枯草芽孢杆菌 BF7658 发酵产生的，发酵液经硫酸铵沉淀后的样品可直接吸附到疏水树脂 D101 上，进行层析分离，得到纯度较高的 α-淀粉酶，如要得到纯度更高的 α-淀粉酶，可用 DEAE-纤维素层析进一步纯化。

【试剂和器材】

**1. 试剂**

(1) 枯草芽孢杆菌 BF7658 发酵液(含 α-淀粉酶)。

(2) 固体$(NH_4)_2SO_4$。

(3) 大孔型吸附树脂 D101。

(4) 40%乙醇溶液：量取无水乙醇 40ml，加蒸馏水定容至 100ml 即可。

(5) 95%乙醇。

(6) 2mol/L HCl：量取 37%浓盐酸 10.53ml，加蒸馏水定容至 100ml 即可。

(7) 2mol/L NaOH：称取 8g NaOH 溶于蒸馏水并定容至 100ml。

(8) 丙酮。

(9) 原碘液：称取碘 11g，碘化钾 22g，先用少量蒸馏水使碘完全溶解，然后定容至 500ml，储存于棕色瓶内。

(10) 稀碘液:吸取原碘液 1ml,加 10g 碘化钾,用蒸馏水溶解并定容至 250ml,储存于棕色瓶内。

(11) 2%可溶性淀粉:称取 2.0g 可溶性淀粉,与少量冷蒸馏水混合成薄浆状,然后加入沸蒸馏水,边加边搅,最后定容至 100ml,此溶液当天配成当天使用。

(12) 0.02mol/L pH6.0 磷酸氢二钠-柠檬酸溶液:称取磷酸氢二钠($Na_2HPO_4 \cdot 12H_2O$) 11.3075g,柠檬酸($C_6H_8O_7 \cdot H_2O$)2.0175g,用 240ml 蒸馏水溶解,调 pH 至 6.0,然后定容至 250ml。

(13) 标准终点溶液。①溶液 A:称取氯化钴 $CoCl_2 \cdot 6H_2O$ 40.2439g 和重铬酸钾 0.4878g,用蒸馏水溶解,然后定容至 50ml。②溶液 B (0.04%铬黑 T 溶液):精确称取铬黑 T 40mg,用蒸馏水溶解,然后定容至 100ml。取溶液 A 40.0ml,溶液 B 5.0ml,混合。取数滴于白色滴板上,此溶液的颜色即为酶反应终点颜色。该溶液在冰箱中保存。15d 内使用,过期需要重新配制。

**2. 器材**

层析柱 1cm×30cm;恒流泵;紫外线检测仪;自动部分收集器;自动记录仪;电磁搅拌器;离心机;烧杯 150ml、250ml、500ml 等;布氏漏斗;抽滤瓶;真空泵;试管(10ml、30ml);干燥器;白色滴板;容量瓶;恒温水浴锅;量筒;吸管;吸耳球。

【操作步骤】

**1. 大孔型吸附树脂 D101 的处理**

将 20g 大孔型吸附树脂 D101 置于 150ml 烧杯中,加 60ml 95%乙醇浸泡 3h,在布氏漏斗上抽干,再用蒸馏水抽洗数次,将树脂重新放回烧杯中,加 60ml 2mol/L HCl 浸泡 2h,在布氏漏斗上用蒸馏水抽洗至中性,再放回烧杯中 60ml 2mol/L NaOH 浸泡 1.5h,在布氏漏斗上用蒸馏水抽洗至中性备用。

**2. 枯草芽孢杆菌 BF7658 发酵液的盐析**

取 120ml 发酵液,调 pH 至 6.7～7.8,加固体$(NH_4)_2SO_4$使其浓度达到 40%～42%,加完$(NH_4)_2SO_4$后静置数小时,即可抽滤或 4000r/min 离心 20min,收集滤饼,将滤饼溶于蒸馏水中,最终体积为 100ml,制成 $\alpha$-淀粉酶的粗酶液,待用。

**3. 吸附、装柱、洗脱和收集**

将 15g 上述处理好的大孔型吸附树脂 D101 于 250ml 烧杯内,加入 100ml $\alpha$-淀粉酶的粗酶溶液,置于电磁搅拌器吸附 1h,停止搅拌,静置数分钟,倾倒除去部分清液,将树脂慢慢转移至一根直径为 1cm,高为 30cm 的层析柱中,打开层析柱出口,让吸附后的废液流出,当液面与柱床表面相平时关闭出口,用滴管加入 40%乙醇溶液,柱上端接恒流泵,以 0.5ml/min 的流速用 40%的乙醇洗脱,用紫外线检测仪检测 280nm 的光吸收,自动部分收集器收集,每管 5ml,用自动记录仪绘制洗脱曲线,根据峰形合并 40%乙醇,取 0.5ml 洗脱液测定 $\alpha$-淀粉酶活力。将有酶活性的洗脱液加入 1 倍体积预冷的 95%乙醇进行沉淀,在冰箱中静置 1h 后离心,然后用丙酮脱水 3 次,置于干燥器中过夜,取出酶粉称重并测定 $\alpha$-淀粉酶活力。

### 4. α-淀粉酶活力测定

1）待测酶液的制备

(1) 取发酵液 1ml，加蒸馏水 15ml，混匀，备用。

(2) 取 $(NH_4)_2SO_4$ 沉淀后配成的粗酶溶液 1ml，加蒸馏水 19ml，混匀，备用。

(3) 取疏水层析树脂吸附后的废液 5ml，加 5ml 蒸馏水，混匀，备用。

(4) 取疏水层析洗脱液 0.5ml，加蒸馏水 9.5ml，混匀，备用。若测出的酶活力太高，可进一步稀释。

(5) 称取操作步骤 3 中所得的酶粉 10～15mg，用 0.02mol/L pH6.0 磷酸氢二钠-柠檬酸缓冲液定容至 50ml 备用。

2）测定

(1) 取数滴标准终点色溶液于白色滴板的一个孔穴内，用作比较颜色的标准，其余孔穴各加 3～4 滴稀碘液。

(2) 吸取 20ml 2%可溶性淀粉溶液和 5ml 0.02mol/L pH6.0 磷酸氢二钠-柠檬酸缓冲液于 25mm×200mm 大试管中，在 60℃恒温水浴中预热 5min。加入上述配制好的酶液 0.5ml，立即开始记录时间，不断搅拌，定时用滴管取数滴（约 0.5ml）于盛有稀碘液的滴板孔内，当孔穴内颜色与标准终点色（红棕色）相同时即为反应终点，记录下反应时间（$T$），酶反应时间控制为 1.5～3min。

3）计算

酶活力单位定义：在 60℃，pH6.0 的条件下，1h 液化可溶性淀粉 1g 的酶量为 1 个单位，所以

$$每毫升酶活力单位=(60/T\times 20\times 2\%\times n)/0.5$$

式中，$n$ 为稀释倍数，2%为淀粉浓度，20 为 2%可溶性淀粉溶液的毫升数，60 为 60min，0.5 为测定时所用稀释后的酶液毫升数，$T$ 为反应时间（min）。

4）结果处理

按表 17-1 计算实验结果数据。

**表 17-1 α-淀粉酶活力测定的结果处理**

| 待测样品 | 体积/ml 或质量/mg | 单位体积酶活力单位/(U/ml)或单位质量的酶活力单位/(U/mg) | 总活力单位/U | 活力回收率/% |
|---|---|---|---|---|
| 发酵液 | | | | |
| 盐析后的粗酶溶液 | | | | |
| 吸附后废液 | | | | |
| 洗脱液 | | | | |
| 酶粉 | | | | |

### 5. 解吸后树脂的再处理

取出柱中的树脂，用 2mol/L NaOH 浸泡 4h，在布氏漏斗上抽滤，用水洗至中性，留待以后使用。

## 【思考题】

1. 本实验是否要作无机磷的标准曲线？
2. 大孔型吸附树脂 D101 使用时为什么要用 95%乙醇、酸、碱来处理？

# 实验18

## 小麦幼苗淀粉酶活性的测定

【实验目的】

学习酶活性测定的一般方法;巩固并熟练分光光度计的使用。

【实验原理】

谷物种子以淀粉的形式储存糖类,休眠的种子淀粉酶活性很低,当种子萌发时随着时间延长,淀粉酶活性逐渐增加,为其生长提供能量和碳骨架。淀粉酶水解淀粉生成的麦芽糖和葡萄糖,可用3,5-二硝基水杨酸试剂测定。由于还原糖能将黄色的3,5-二硝基水杨酸还原成棕红色的3-氨基-5-硝基水杨酸,在一定范围内还原糖的浓度与其颜色的深浅成正比,因此可求出麦芽糖的含量。以每克样品在单位时间内生成麦芽糖的毫克数表示淀粉酶活性的大小。

【试剂和器材】

**1. 试剂**

(1) pH为5.6的0.1mol/L柠檬酸-柠檬酸钠缓冲液。①A液(0.1mol/L柠檬酸):称取柠檬酸21.01g,用蒸馏水溶解并定容至1L。②B液(0.1mol/L柠檬酸钠):称取柠檬酸钠29.41g,用蒸馏水溶解并定容至1L。取A液55ml与B液145ml混匀,即为pH为5.6的0.1mol/L柠檬酸-柠檬酸钠缓冲液。

(2) 3,5-二硝基水杨酸(DNS)试剂:准确称取1g 3,5-二硝基水杨酸,溶解于20ml 1mol/L NaOH中,加入50ml蒸馏水,再加入30g酒石酸钾,待溶解后,用蒸馏水定容至100ml,转入棕色瓶,盖紧瓶塞,以防二氧化碳进入,放置一周后使用。

(3) 麦芽糖标准液(1mg/ml):准确称取0.10g麦芽糖溶于少量蒸馏水中,定容至100ml。

(4) 1%淀粉溶液:称取0.5g淀粉溶于适量蒸馏水中,并加热煮沸,溶解、冷却后,定容至50ml。

(5) 0.4mol/L NaOH:称取1.6g NaOH溶于蒸馏水中并定容至100ml。

**2. 器材**

离心机;研钵;容量瓶(10ml、100ml);天平;分光光度计;恒温水浴锅;沸水浴装置;移液管(1ml、2ml、10ml);具塞刻度试管(10ml);试管;试管架;烧杯;制冰机等。

## 【操作步骤】

### 1. 酶液的提取

称取 25℃下萌发 2～3d 的小麦种子样品 0.5g，至于研钵中，加入 0.25g 石英砂，在冰浴中磨成匀浆，用少量蒸馏水分次将其转至 10ml 容量瓶中，并定容至 10ml。每隔数分钟振荡一次，提取 20min。3000r/min 离心 10min，转出上清液，即为淀粉酶原液。

### 2. 麦芽糖标准曲线的制作

取 7 支试管并编号，分别加入麦芽糖标准液（1mg/ml）0ml、0.1ml、0.2ml、0.3ml、0.4ml、0.5ml、0.6ml，然后加蒸馏水补至 1ml，再向各管加入 3，5-二硝基水杨酸试剂 0.8ml，沸水浴 5min，冷却，定容至 10ml，在分光光度计于 520nm 波长下进行测定，记录吸光度，以吸光度为横坐标，麦芽糖含量（mg）为纵坐标，绘制标准曲线。

### 3. 酶活力的测定

按照试验内容安排，根据所需用酶量将酶原液稀释 20 倍待用，并按下表操作。

| 管号 | 1 | 2 | 3 |
|---|---|---|---|
| 稀释酶液/ml | 1 | 1 | 1 |
| 0.4mol/L NaOH 溶液/ml | 4 | 0 | 0 |
| 柠檬酸缓冲液（pH5.6）/ml | 1 | 1 | 1 |
| 预保温 | 将各试管和淀粉溶液置于 40℃恒温水浴中保温 15min | | |
| 1%淀粉溶液/ml | 2 | 2 | 2 |
| 保温 | 在 40℃恒温水浴中准确保温 5min | | |

上述反应结束之后，立即向测定管 2、3 管中加入 0.4mol/L NaOH 溶液 4ml，终止酶活性。

取反应后的测定管及对照管中的溶液各 1ml，分别放入 10ml 具塞刻度试管中，再加入 3，5-二硝基水杨酸试剂 0.8ml，定容至 10ml，然后操作同标准曲线制作，测得吸光度。

### 4. 结果计算

根据测定样品的吸光度，从标准曲线查出麦芽糖含量，然后根据下列公式计算：

$$\text{淀粉酶活性}=\frac{(A-B)\times\text{样品稀释总体积}}{\text{样品鲜重}\times V\times 5\text{min}}$$

式中，$A$ 为淀粉酶水解淀粉产生的麦芽糖量（mg）；$B$ 为淀粉酶在对照管中所含的麦芽糖量（mg）；$V$ 为比色时所用样品液的体积（ml）。

## 【思考题】

1. 测定酶活力，应注意什么问题？
2. 淀粉酶活性测定的原理是什么？

# 实验19

# 正交法测定影响淀粉酶活力的几种因素

【实验目的】

初步掌握正交法(正交实验设计法)的使用;运用正交法测定底物浓度、酶浓度、温度和pH这4种因素对酶活力的影响。

【实验原理】

酶的催化作用是在一定条件下进行的,它受多种因素的影响,如酶浓度、底物浓度、温度、pH、激活剂、抑制剂等。通常在其他因素恒定的条件下,通过某一因素在一系列变化条件下的酶活力测定求得该因素的影响,这是单因素的实验方法。对于多因素的实验可以通过正交实验设计法(简称正交法)来完成。正交法是借助于正交表,简化表格计算,正确分析结果。找到实验的最佳条件,分清因素的主次,这样就可以通过比较少的实验次数达到好的实验效果。

本实验运用正交法测定底物浓度、酶浓度、温度、pH这4个因素对酶活性的影响,并求得在什么样的底物浓度、酶浓度、温度和pH时酶的活力最大。通过本实验初步掌握正交法的使用。

【试剂和器材】

**1. 试剂**

(1) pH分别为2.6、5.6、6.6的0.1mol/L柠檬酸-柠檬酸钠缓冲液,配制方法参见本书附录。

(2) 3,5-二硝基水杨酸(DNS)试剂:见实验18。

(3) 麦芽糖标准液(1mg/ml):准确称取0.100g麦芽糖溶于少量蒸馏水中,定容至100ml。

(4) 1%淀粉:称取0.5g淀粉溶于适量蒸馏水中,并加热煮沸,溶解、冷却后,定容至50ml即得。

(5) 0.4mol/L NaOH:称取1.6g NaOH,溶于蒸馏水并定容至100ml。

**2. 器材**

分光光度计;天平;离心机;恒温水浴锅;沸水浴装置;研钵;容量瓶(100mL、50mL、10ml);具塞刻度试管(25ml);移液管(10ml、5ml、1ml);试管等。

**3. 实验材料**

萌发的小麦种子(芽长约 1cm)。

【操作步骤】

**1. 酶液的提取**

称取在常温下萌发 2～3d 的小麦样品 0.5g,至于研钵中加入 0.25g 石英砂,在冰浴的条件下磨成匀浆,转入 10ml 容量瓶中,用蒸馏水定容至 10ml。每隔数分钟振荡一次,提取 20min。3000r/min 离心 10min,转出上清液,即为酶液备用液。按照试验内容安排,根据酶所需用量将酶液备用液稀释 20 倍待用。

**2. 实验设计**

1) 确定试验因素和水平

本试验取 4 个因素,即底物浓度[S]、酶浓度[E]、温度、pH。每个因素选三个水平(水平即在因素的允许变化范围内要进行实验的"点")。试验因素和选用水平如下表所示。

| 试验号 | 底物溶液量/ml | 酶液容量/ml | 温度/℃ | pH |
|---|---|---|---|---|
| 1 | 1 | 2 | 20 | 3.6 |
| 2 | 2 | 1 | 40 | 5.6 |
| 3 | 1.5 | 1.5 | 60 | 6.6 |

做因素、水平表时,各因素的水平最好不要按大小顺序排列。按一般方法,如对 4 个因素水平的各种搭配都要考虑,共需 $3^4=81$ 次试验,而用正交表只需做 9 次试验。

2) 选择合适的正交表

合适的正交表是指要考察的因素的自由度总和,应该不大于所选正交表的自由度。正交表 $L_n(t^q)$,其中 L 为正交表的代号,$n$ 为处理数(试验次数),$t$ 为因素水平数,$q$ 为因素数。

3) 设计表

| 试验号 | 因素 | | | |
|---|---|---|---|---|
| | 1 | 2 | 3 | 4 |
| 1 | 1 | 1 | 1 | 1 |
| 2 | 1 | 2 | 2 | 2 |
| 3 | 1 | 3 | 3 | 3 |
| 4 | 2 | 1 | 2 | 3 |
| 5 | 2 | 2 | 3 | 1 |
| 6 | 2 | 3 | 1 | 2 |
| 7 | 3 | 1 | 3 | 2 |
| 8 | 3 | 2 | 1 | 3 |
| 9 | 3 | 3 | 2 | 1 |

4) 试验安排

试验安排设计表,如下表所示。

| 试剂量 | 试验号 | | | | | | | | |
|---|---|---|---|---|---|---|---|---|---|
| | 2 | 4 | 9 | 1 | 6 | 8 | 3 | 5 | 7 |
| 酶液/ml | 1 | 2 | 1.5 | 2 | 1.5 | 1 | 1.5 | 1 | 2 |
| pH | 5.6 | 6.6 | 3.6 | 3.6 | 5.6 | 6.6 | 6.6 | 3.6 | 5.6 |
| 缓冲液/ml | 3 | 1 | 2 | 2 | 1.5 | 2.5 | 2.5 | 2 | 1.5 |
| | 40℃预热 15min | | | 20℃预热 15min | | | 60℃预热 15min | | |
| 1%淀粉/ml(底物) | 1 | 2 | 1.5 | 1 | 2 | 1.5 | 1 | 2 | 1.5 |
| | 40℃反应 5min | | | 20℃反应 5min | | | 60℃反应 5min | | |

各测定管按如上所述进行反应，然后各管中均加入 4ml 的 0.4mol/L NaOH 终止反应。

对照：另取一支试管做非酶对照，即加入酶液 1ml，缓冲液 3ml。先加入 4ml 的 NaOH，摇匀放置片刻再加入 1%淀粉 1ml。

取反应液 1ml，加入 0.8ml 的 3，5-二硝基水杨酸，沸水浴 5min，冷却之后，定容至 10ml。在 520nm 波长处测定吸光度。

5）麦芽糖标准曲线的制作同实验 18。

### 3. 实验结果及分析

试验完成后，把 9 个数据填入下表试验结果栏内，按表中数据计算出各因素的一水平实验结果综合、二水平实验结果综合、三水平实验结果综合，再取平均值(各自被 3 除)。最后计算极差。极差是指这一列中最好与最坏的之差，从极差的大小就可以看出哪个因素对酶活力影响最大，哪个影响最小，找出在什么条件下酶活力最高。最后做一直观分析的结论。以 $A$ 值(Ⅰ/3，Ⅱ/3，Ⅲ/3)为纵坐标，因素的水平为横坐标作图。

| 因素 / 试管号 | 1<br>[S]/ml | 2<br>[E]/ml | 3<br>温度/℃ | 4<br>pH | 实验结果<br>$A_{520nm}$ |
|---|---|---|---|---|---|
| 1 | 1　1 | 1　2 | 1　20 | 1　3.6 | |
| 2 | 1　1 | 2　1 | 2　40 | 2　5.6 | |
| 3 | 1　1 | 3　1.5 | 3　60 | 3　6.6 | |
| 4 | 2　2 | 1　2 | 2　40 | 3　6.6 | |
| 5 | 2　2 | 2　1 | 3　60 | 1　3.6 | |
| 6 | 2　2 | 3　1.5 | 1　20 | 2　5.6 | |
| 7 | 3　1.5 | 1　2 | 3　60 | 2　5.6 | |
| 8 | 3　1.5 | 2　1 | 1　20 | 3　6.6 | |
| 9 | 3　1.5 | 3　1.5 | 2　40 | 1　3.6 | |
| Ⅰ(一水平实验结果综合) | | | | | |
| Ⅱ(二水平实验结果综合) | | | | | |
| Ⅲ(三水平实验结果综合) | | | | | |
| Ⅰ/3 | | | | | |
| Ⅱ/3 | | | | | |
| Ⅲ/3 | | | | | |
| 极差 | | | | | |

【注意事项】

(1) 各试剂加样一定要准确。

(2) 保温时间各管要一致。

(3) 加 DNS 后应立即摇匀。

【思考题】

1. 在什么情况下可采用正交法？正交法与一般的方法相比较有什么特点？

2. 本实验在操作过程中注意哪些问题？

# 实验20

## 植物组织中过氧化物酶活力的测定

【实验目的】

了解过氧化物酶的作用；掌握植物组织中过氧化物酶活力的测定方法。

【实验原理】

过氧化物酶广泛存在于植物体中，是活性较高的一种酶。它与呼吸作用、光合作用及生长素的氧化等都有关系。在植物生长发育过程中，它的活性不断发生变化。测定这种酶的活力，可反映某一时期植物体内代谢的变化。

过氧化物酶催化过氧化氢氧化酚类的反应，产物为醌类化合物，此化合物进一步缩合或与其他分子缩合，产生颜色较深的化合物。本实验以邻甲氧基苯酚（即愈创木酚）为过氧化物酶的底物，在此酶存在下，$H_2O_2$可将邻甲氧基苯酚氧化成红棕色的4-邻甲氧基苯酚，其反应为

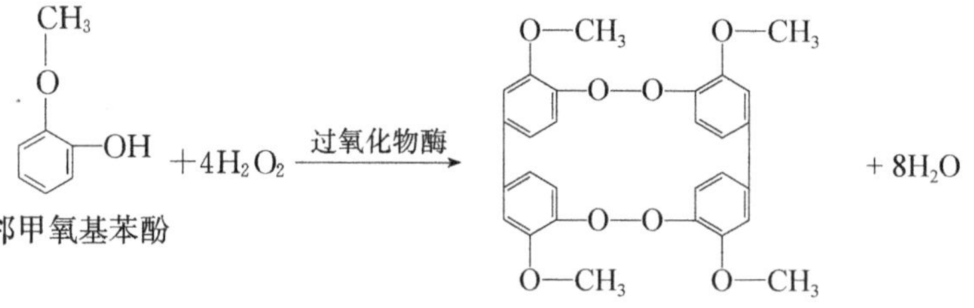


邻甲氧基苯酚

4-邻甲氧基苯酚（红棕色）

红棕色的物质可用分光光度计在470nm处测定其吸光度，即可求出该酶的活性。

【试剂和器材】

**1. 试剂**

（1）0.05mol/L磷酸缓冲液（pH7.0）。储备液A：0.1mol/L $Na_2HPO_4$溶液（35.8g $Na_2HPO_4 \cdot 12H_2O$配成1000ml）。储备液B：0.1mol/L $KH_2PO_4$溶液（13.6g $KH_2PO_4$配成1000ml）。分别取储备液A 300ml与储备液B 200ml充分混匀，调pH至7.0，并用蒸馏水稀释至1000ml。

（2）0.01mol/L磷酸缓冲液（pH7.0）。储备液A：0.1mol/L $Na_2HPO_4$溶液（35.8g $Na_2HPO_4 \cdot 12H_2O$配成1000ml）。储备液C：0.1mol/L $NaH_2PO_4$溶液（15.6g $NaH_2PO_4 \cdot$

$2H_2O$ 配成 1000ml)。分别取储备液 A 61.0ml 与储备液 C 39.0ml 充分混匀,调至 pH 7.0,并稀释至 1000ml。

(3) 40mmol/L $H_2O_2$:取 100.0μl $H_2O_2$ 于容量瓶中,并用蒸馏水定容至 25ml。

(4) 20mmol/L 愈创木酚:取 110.0μl 愈创木酚于容量瓶中,并用蒸馏水定容至 50ml。

### 2. 器材

分光光度计;移液管;容量瓶;低温冷冻离心机;秒表;研钵;天平等。

### 3. 实验材料

萝卜幼苗的子叶或幼根。

## 【操作步骤】

### 1. 酶液的制备

准确称取萝卜幼苗的子叶或幼根各 1.0g,加适量的石英砂充分研磨(冰浴),分别加入 1ml 缓冲液(0.05mol/L $Na_2HPO_4$-$KH_2PO_4$,pH 7.0),混匀后转入离心管,4℃ 12 000r/min 离心 20min,取上清用于测定酶活性。

### 2. 过氧化物酶活性的测定

取 4 支试管,分别进行编号并按下表加入相应的试剂。

| 试 剂 | 对照管 | 测定管 | | |
|---|---|---|---|---|
| | 0 | 1 | 2 | 3 |
| 0.01mol/L 磷酸缓冲液/ml | 2.94 | 2.93 | 2.93 | 2.93 |
| 0.02mol/L 愈创木酚/ml | 0.05 | 0.05 | 0.05 | 0.05 |
| 酶液/ml | 0 | 0.01 | 0.01 | 0.01 |

加好反应物,摇匀,在 470nm 读出 $A_{470nm}$ 值,为 $t=0$ 时的读数。立即加 0.01ml 0.04mol/L 新配制的 $H_2O_2$ 后,即刻摇匀并计时,每隔 30s 读数 1 次,共计 6 个数值。

### 3. 结果计算

以每分钟内 $A_{470nm}$ 变化 0.001 为 1 个过氧化物酶活性单位(U),即

$$过氧化物酶活力(U/g\ FW)=\frac{\Delta A_{470nm}}{t \cdot m \times 0.001}$$

式中,$t$ 为反应时间(min);$m$ 为样品鲜重(g FW)。

## 【思考题】

1. 试述酶活力的定义。
2. 测定酶的活力要注意控制哪些条件?

# 实验21

## 乳酸脱氢酶活力测定

【实验目的】

掌握乳酸脱氢酶活性测定原理；学习用比色法测定酶活力的方法。

【实验原理】

乳酸脱氢酶(lactate dehydrogenase，LDH；EC 1.1.1.27；L-乳酸：$NAD^+$ 氧化还原酶)广泛存在于生物细胞内，是糖代谢酵解途径的关键酶之一，可催化下列可逆反应

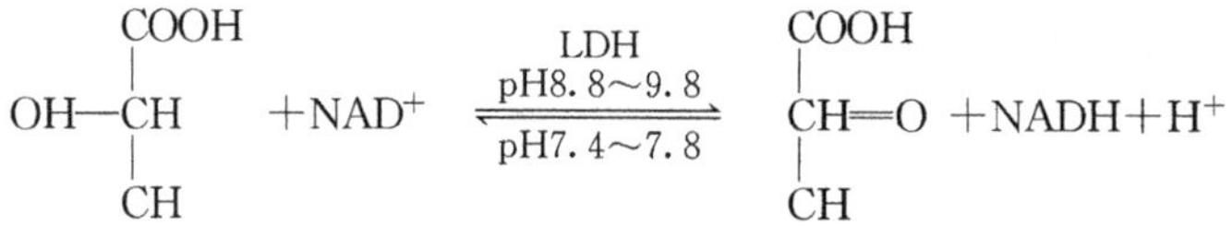


乳酸　氧化型辅酶Ⅰ　　　丙酮酸　还原型辅酶Ⅰ

LDH 可溶于水或稀盐溶液。组织中 LDH 含量测定方法很多，其中紫外分光光度法较为简单、快速。鉴于 NADH，$NAD^+$ 在 340nm 及 260nm 处有各自的最大吸收峰，因此以 $NAD^+$ 为辅酶的各种脱氢酶类都可通过 340nm 光吸收值的改变，测定酶的含量。本实验测定 LDH 活力，基质液中含丙酮酸及 NADH，在一定条件下，加入一定量酶液，观察 NADH 在反应过程中 340nm 处光吸收减少值，减少越多，则 LDH 活力越高。其活力单位定义：在 25℃，pH 为 7.5 的条件下，每分钟 $A_{340nm}$ 下降 1.0 的酶量为 1 个单位。可定量测定每克湿重组织中 LDH 单位。定量测定蛋白质含量即可计算比活力(U/mg)。

利用上述原理，改变不同底物则可测定相应脱氢酶反应过程中 $A_{340nm}$ 的改变，从而定量测定酶活力，如苹果酸脱氢酶、醇脱氢酶、醛脱氢酶、甘油-3-磷酸脱氢酶等，适用范围很广。

【试剂和器材】

### 1. 试剂

(1) 50mmol/L 磷酸氢二钾-磷酸二氢钾缓冲液母液。溶液 A：50mmol/L $K_2HPO_4$，称取 1.74g $K_2HPO_4$ 加蒸馏水溶解后定容至 200ml。溶液 B：50mmol/L $KH_2PO_4$，称取 3.40g $KH_2PO_4$ 加蒸馏水溶解后定容至 500ml。取溶液 A 31.5ml 和溶液 B 68.5ml，调节 pH 至 6.5，置 4℃冰箱备用。10mmol/L pH 6.5 磷酸氢二钾-磷酸二氢钾缓冲液用上述母液稀释得到，现用现配。取溶液 A 84.0ml 和溶液 B 16.0ml，调节 pH 至 7.5，置 4℃冰箱备用。0.1mmol/L pH7.5 磷酸盐缓冲液用上述母液稀释得到，现用现配。

(2) NADH 溶液：称取 3.5mg 纯 NADH 于试管中，加入 0.1mmol/L pH7.5 磷酸盐缓冲液 1ml 摇匀。现用现配。

(3) 丙酮酸溶液：称取 2.5mg 丙酮酸钠，加 0.1mmol/L pH7.5 磷酸缓冲液 29ml，使其完全溶解。现用现配。

**2. 器材**

组织捣碎机；紫外分光光度计；恒温水浴箱；移液管（5ml，0.1ml）；容量瓶；微量注射器（10μl）等。

**3. 实验材料**

动物肌肉、肝、心、肾等组织。

【操作步骤】

**1. 制备肌肉匀浆**

称取 20g 兔肉，按 1∶4($m/V$)比例加入 4℃预冷的 10mmol/L 磷酸氢二钾-磷酸二氢钾缓冲液（pH6.5），用组织捣碎机捣碎，每次 10s，连续 3 次。将匀浆液倒入烧杯中，置 4℃冰箱中提取过夜，过滤后得到组织提取液。

**2. LDH 活力测定**

试验时预先将丙酮酸溶液及 NADH 溶液放在 25℃水浴中预热。取 2 只石英比色杯，在1 只比色杯中加入 0.1mmol/L 磷酸氢二钾-磷酸二氢钾缓冲液（pH7.5）3ml，置于紫外分光光度计中，在 340nm 处将光吸收值调节至零；另一只比色杯用于测定 LDH 活力，依次加入丙酮酸钠溶液 2.9ml，NADH 溶液 0.1ml，加盖摇匀后，测定 340nm 光吸收值($A$)。取出比色杯加入经稀释的酶液 10μl，摇匀后立即计时，每隔 30s 测 $A_{340nm}$，连续测定 3min，以 $A$ 对时间$t$(min)作图，取反应最初线性部分，计算 $A_{340nm}/t$ 减少值。加入酶液的稀释度（或加入量）应控制 $A_{340nm}/t$ 下降值为 0.1～0.2。

**3. 数据处理**

计算每毫升组织提取液中 LDH 活力单位，即

$$\text{提取液 LDH 活力单位(U/ml)}=\frac{\Delta A_{340nm}\times\text{稀释倍数}}{\text{酶液加入量}(10\mu l)\times 10^{-3}}$$

$$\text{提取液中 LDH 总活力单位}=\text{LDH 活力(U/ml)}\times\text{总体积}$$

【注意事项】

(1) 实验材料应尽量新鲜，如取材后不立即用，则应储存在－20℃冰箱。

(2) 酶液的稀释度及加入量应控制 $A_{340nm}/t$ 下降值为 0.1～0.2，以减少实验误差。

(3) NADH 溶液应在临用前配制。

【思考题】

简述用紫外分光光度法测定以 $NAD^+$ 为辅酶的各种脱氢酶测定原理。

# 实验22

# 酵母蔗糖酶的粗分离

【实验目的】

以蔗糖酶的粗分离为例，学习和掌握酶和蛋白质的粗分离原理和方法。

【实验原理】

自1860年Bertholet从啤酒酵母(*Sacchacomyces cerevisiae*)中发现了蔗糖酶以来，它已被广泛地进行了研究。蔗糖酶(invertase，β-D-呋喃果糖苷果糖水解酶，fructofuranoside fructohydrolase，EC 3.2.1.26)特异地催化非还原糖中的α-呋喃果糖苷键水解，具有相对专一性。不仅能催化蔗糖水解生成葡萄糖和果糖，也能催化棉子糖水解，生成蜜二糖和果糖。反应式如下：

$$\underset{\text{蔗糖}}{C_{12}H_{22}O_{11}} + H_2O \xrightarrow{\text{蔗糖酶}} \underset{\text{葡萄糖}}{C_6H_{12}O_6} + \underset{\text{果糖}}{C_6H_{12}O_6}$$

$$\underset{\text{棉子糖}}{C_{18}H_{32}O_{16}} + H_2O \xrightarrow{\text{蔗糖酶}} \underset{\text{蜜二糖}}{C_{12}H_{22}O_{11}} + \underset{\text{果糖}}{C_6H_{12}O_6}$$

本实验提取啤酒酵母中的蔗糖酶。该酶以两种形式存在于酵母细胞膜的外侧和内侧，在细胞膜外细胞壁中的称之为外蔗糖酶(external yeast invertase)，其活力占蔗糖酶活力的大部分，是含有50%糖成分的糖蛋白。在细胞膜内侧细胞质中的称之为内蔗糖酶(internal yeast invertase)，含有少量的糖成分。两种酶的蛋白质部分均为双亚基、二聚体。两种形式的酶的氨基酸组成不同，外酶每个亚基比内酶多两个氨基酸(Ser和Met)，它们的相对分子质量也不同，外酶约为$2.7\times10^5$(或$2.2\times10^5$，与酵母的来源有关)，内酶约为$1.35\times10^5$。尽管这两种酶在组成上有较大的差别，但其底物专一性和动力学性质仍十分相似，因此，本实验未区分内酶与外酶，而且由于内酶含量很少，极难提取，本实验提取纯化的主要是外酶。

两种酶的性质对照如下表。

| 名称 | $M_r$ | 糖含量 | 亚基 | 底物为蔗糖的$K_m$ | 底物为棉子糖的$K_m$ | 等电点(pI) | 最适pH | 稳定pH范围 | 最适温度/℃ |
|---|---|---|---|---|---|---|---|---|---|
| 外酶 | $2.7(2.2)\times10^5$ | 50% | 双 | 26mmol/L | 150mmol/L | 5.0 | 4.9(3.5～5.5) | 3.0～7.5 | 60 |
| 内酶 | $1.35\times10^5$ | <3% | 双 | 25mmol/L | 150mmol/L | 5.0 | 4.5(3.5～5.5) | 6.0～9.0 | 60 |

实验中，用测定生成还原糖(葡萄糖和果糖)的量来测定蔗糖水解的速度，在给定的实验条

件下，每分钟水解底物的量定为蔗糖酶的活力单位。比活力为每毫克蛋白质的活力单位数。

利用物理和化学方法（二氧化硅加甲苯研磨）破碎酵母细胞壁。蒸馏水抽提得到的蔗糖酶溶液，加热去除热不稳定的杂蛋白后，经乙醇沉淀获得粗提酶。

## 【试剂和器材】

### 1. 试剂

(1) 啤酒酵母、蜗牛酶。

(2) 二氧化硅。

(3) 甲苯（使用前预冷到 0℃以下）。

(4) 去离子水（使用前预冷至 4℃左右）。

(5) 食盐。

(6) 1mol/L 乙酸：取 5.8ml 冰醋酸（17mol/L）加 $H_2O$ 稀释至 100ml。

(7) 95%乙醇。

### 2. 器材

研钵；离心管；滴管；50ml 量筒；恒温水浴锅；100ml 烧杯；广泛 pH 试纸；高速冷冻离心机；制冰机。

## 【操作步骤】

### 1. 提取

(1) 准备一个冰浴，将研钵稳妥放入冰浴中。

(2) 称取 2g 干啤酒酵母或 20g 湿啤酒酵母，称 10mg 蜗牛酶及适量二氧化硅（约 4g）放入研钵中。二氧化硅要预先研细。

(3) 量取预冷的甲苯 12ml 缓慢加入酵母中，每次加 3ml 左右，研磨 15min，约需 60min。研磨时用显微镜检查研磨的效果，至酵母细胞大部分研碎为止。

(4) 缓慢加入预冷的 30ml 去离子水，每次加 10ml 左右，研磨 10min，至少用 30min。以便将蔗糖酶充分转入水相。

(5) 将混合物转入一个离心管中，平衡后，用高速冷冻离心机，4℃ 10 000r/min 离心 10min 或 5000r/min 离心 20min。如果中间白色的脂肪层厚，说明研磨效果良好。用滴管吸出上层有机相。

(6) 用滴管小心地取出脂肪层下面的水相，转入另一个清洁的离心管中，4℃ 10 000r/min 离心 10min 或 5000r/min 离心 20min。

(7) 将上清液转入量筒，量出体积，留出 0.5ml 测定酶活力及蛋白质含量。剩余部分转入清洁离心管中。

(8) 用广泛 pH 试纸检查上清液 pH，用 1mol/L 乙酸将 pH 调至 5.0，称为“粗级分Ⅰ”。

### 2. 热处理

(1) 预先将恒温水浴调到 50℃，将盛有粗级分Ⅰ的离心管稳妥地放入水浴中，50℃下保温 30min，在保温过程中不断轻摇离心管。

(2) 取出离心管，于冰浴中迅速冷却，4℃ 10 000r/min 离心 10min 或 5000r/min 离心 20min。

(3) 将上清液转入量筒，量出体积，留出 0.5ml 测定酶活力及蛋白质含量(称为“热级分Ⅱ”)。

**3. 乙醇沉淀**

将热级分Ⅱ转入小烧杯中，放入冰盐浴(没有水的碎冰撒入少量食盐)，逐滴加入等体积预冷至−20℃的 95%乙醇，同时轻轻搅拌，约需 20min，再在冰盐浴中放置 10min，以沉淀完全。于 4℃ 10 000r/min 离心 10min 或 5000r/min 离心 20min，倾去上清液，并风干，沉淀保存于离心管中，盖上盖子或薄膜封口，然后将其放入冰箱中冷冻保存(称为“醇级分Ⅲ”)。废弃上清液之前，留出 0.5ml 测定酶活力及蛋白质含量(称为“醇级分Ⅲ′”)。

酶活力及蛋白质含量测定见实验 24。

【思考题】

1. 蜗牛酶的作用是什么?
2. 蔗糖酶的最适温度是 60℃，为什么还要低温提取?

# 实验23

# 离子交换柱层析纯化蔗糖酶

## 【实验目的】

学习离子交换柱层析的分离原理和方法。

## 【实验原理】

离子交换层析(ion exchange chromatography,IEC)是以离子交换剂为固定相,依据流动相中的组分离子与交换剂上的平衡离子进行可逆交换时的结合力大小的差别而进行分离的一种层析方法。1848年,Thompson等在研究土壤碱性物质交换过程中发现离子交换现象。20世纪40年代,出现了聚苯乙烯离子交换树脂,50年代,离子交换层析进入生物化学领域,应用于氨基酸的分析。目前离子交换层析仍是生物化学领域中常用的一种层析方法,广泛地应用于各种生化物质如氨基酸、蛋白质、糖类、核苷酸、核酸等的分离纯化。常用的离子交换剂有离子交换纤维素、离子交换葡聚糖、离子交换琼脂糖和离子交换树脂等。近年不断出现交换容量大,稳定性能好,快速洗脱的新型离子交换剂。

离子交换层析中,离子交换剂是由基质、电荷基团(或功能基团)和反离子构成的,基质与电荷基团以共价键连接,电荷基团与反离子以离子键结合。基质是由疏水材料(如树脂)或亲水材料(如纤维素)组成。带有正电荷的称之阴离子交换剂(因为可与溶液中阴离子进行交换);同理带有负电荷的称之阳离子交换剂。离子交换层析同样可以用于蛋白质的分离纯化。由于蛋白质具有等电点,当蛋白质处于不同的pH条件下,其带电状况也不同。上样时阴离子交换基质结合带有负电荷的蛋白质,所以这类蛋白质被留在柱子上,带正电荷和不带电荷的蛋白质不能结合在柱子上,然后通过提高洗脱液中的盐浓度或是减低洗脱液的pH等措施,将吸附在柱子上的蛋白质洗脱下来。结合较弱的蛋白质首先被洗脱下来,结合较强的蛋白质后被洗脱下来。反之阳离子交换基质结合带有正电荷的蛋白质,结合的蛋白质可以通过逐步增加洗脱液中的盐浓度或是提高洗脱液的pH而被洗脱下来。

因此,离子交换层析是根据各种物质带电状态(或极性)的差别来进行分离的。电荷不同的物质对离子交换剂有不同的亲和力,要成功地分离某种混合物,必须根据其所含物质的解离性质,带电状态选择适当类型的离子交换剂,并控制吸附和洗脱条件(主要是洗脱液的离子强度和pH),使混合物中各组分按亲和力大小顺序依次从层析柱中洗脱下来。

【试剂和器材】

**1. 试剂**

(1) DEAE-sepharose fast flow 离子交换剂。

(2) 0.02mol/L Tris-HCl 缓冲液(pH7.3)。先配 0.1mol/L Tris-HCl 缓冲液储液:称取 1.21g Tris(三羟甲基氨基甲烷相对分子质量为 121.1)加 70ml $H_2O$ 溶解,再滴加 4mol/L HCl 约 21ml,调 pH 为 7.3,再加 $H_2O$ 至 100ml。取此储液 50ml,加 $H_2O$ 至 250ml。

(3) 0.02mol/L(含 1mol/L 浓度 NaCl)的 Tris-HCl 缓冲液(pH7.3):称取 5.84g NaCl(相对分子质量为 58.4)用 0.02mol/L pH 7.3 的 Tris-HCl 缓冲溶液溶解,并定容至 100ml。

(4) 1mol/L NaCl:称取 58.4g NaCl(相对分子质量为 58.4)用蒸馏水定容至 1000ml。

(5) 4mol/L HCl:取 166.7ml 浓 HCl(12mol/L),加 $H_2O$ 至 500ml。

(6) 0.5mol/L NaOH:称取 2g NaOH 溶于 100ml $H_2O$。

**2. 器材**

层析柱;部分收集器;梯度混合器;磁力搅拌器及搅拌子;离心机;恒流泵;50ml 小烧杯;容量瓶;精密 pH 试纸或 pH 计;吸耳球;石英比色杯;电导率仪;紫外分光光度计等。

【操作步骤】

**1. 离子交换剂的处理**

DEAE-sepharose fast flow 离子交换剂保存在 20%乙醇中,使用前去除乙醇后,用去离子水洗涤 3~5 次。因 DEAE-sepharose fast flow 层析柱柱料昂贵,用后务必回收,重复操作时,按“1mol/L NaCl→去离子水”的顺序洗即可。如果交换剂过度污染,再生时则用 0.5mol/L NaOH 浸泡 30min,用蒸馏水洗到中性,再用 1mol/L NaCl 浸泡 30min,用蒸馏水洗到中性。

**2. 装柱与平衡**

先将层析柱(玻璃滴定管)垂直装好,在烧杯内用 0.02mol/L Tris-HCl 缓冲液(pH7.3)(平衡缓冲液)洗离子交换剂 3~5 次,使用玻璃棒将烧杯底部颗粒搅拌均匀并倒在装有 1/3 柱长体积平衡缓冲液的层析柱中,待离子交换剂在层析柱中自然沉降完毕后,用平衡缓冲液洗柱至流出液的电导率与缓冲液相同或接近时即可上样。为了节省时间,可以在装柱前用平衡缓冲液洗涤几次。

**3. 上样与洗脱**

上样前先准备好梯度洗脱液,本实验采用 30ml 0.02mol/L Tris-HCl 缓冲液(pH7.3)和 30ml 含 1mol/L NaCl 的 0.02mol/L Tris-HCl 缓冲液(pH7.3),进行线性梯度洗脱。在梯度混合器的两个容器中,一个装 30ml 含 NaCl 的高离子强度溶液,另一个装入 30ml 不含 NaCl 的低离子强度溶液,将梯度混合器放在磁力搅拌器上,在低离子强度溶液的容器内放入一个小搅拌子,将此容器置于搅拌器旋转磁铁的上方。注意梯度混合器要放平,切勿使一杯高一杯低。

用 5ml 0.02mol/L Tris-HCl 缓冲液(pH7.3)充分溶解醇级分Ⅲ(注意玻璃搅棒头必须烧圆、搅拌溶解时不可将离心管划伤),然后转入离心管,10 000r/min 离心 10min 除去不溶物。取 0.5ml 上清液(即醇级分Ⅲ样品,留待实验 24 测酶活力及蛋白质含量),将剩余的 4.5ml 清液小心地加到层析柱上,不要扰动柱床,注意要从上样开始使用部分收集器收集洗脱液,每 3min 换一次管。上样后用平衡缓冲液洗 2 次,然后再用约 20ml 0.02mol/L Tris-HCl 缓冲液(pH7.3)洗去柱中未吸附的蛋白质,至 $A_{280nm}$降到 0.1 以下,夹住层析柱出口,将恒流泵入口的细塑料导管连到梯度混合器上,接好层析柱,打开磁力搅拌 F 器,拧开梯度洗脱器的出口,开始梯度洗脱,连续收集洗脱液,两个容器中的洗脱液用尽后,为洗脱充分,也可将所配制的剩余高离子强度洗脱液倒入小烧杯继续洗脱,整个层析过程控制流速为 1ml/min。层析装置的连接见图 23-1。

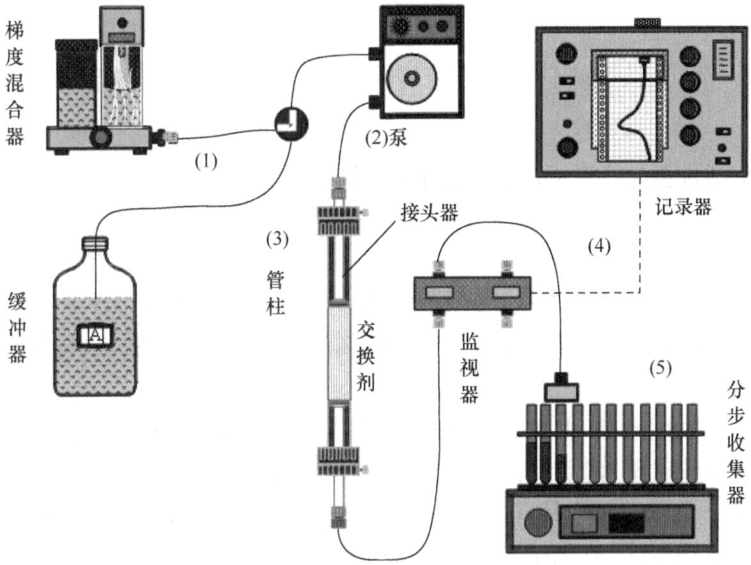


图 23-1　层析装置的连接

#### 4. 各管洗脱液光吸收值 $A_{280nm}$的曲线和洗脱梯度线

测定每管洗脱液的 $A_{280nm}$光吸收值和电导率(使用 DJS-10 电导电极)。

以洗脱体积为横坐标,$A_{280nm}$光吸收值为纵坐标作洗脱液对光吸收值 $A_{280nm}$的曲线。

测定不含 NaCl 的 0.02mol/L Tris-HCl 缓冲液(pH7.3)和含 1mol/L NaCl 的0.02mol/L Tris-HCl 缓冲液(pH7.3)的电导率,用电导率与 NaCl 浓度作图,利用此图将每管所测电导率换算 NaCl 浓度,并利用此曲线估计出蔗糖酶活性峰洗出时的 NaCl 浓度。

在同一张图上画出所有管的 NaCl 浓度(可用电导率代替)、光吸收值 $A_{280nm}$的曲线和洗脱梯度线。

注意:从上样开始收集,可能有两个活性峰,梯度洗脱开始前的第一个峰是未吸附物,本实验采用梯度洗脱开始后洗下来的活性峰。

## 【思考题】

1. 离子交换柱层析的注意事项有哪些?
2. 实验结束后交换剂如何保存?

# 实验24 蔗糖酶各级分活性及蛋白质含量的测定

【实验目的】

掌握蔗糖酶活性测定方法；了解各级分酶的纯化情况。

【实验原理】

为了评价酶的纯化步骤和方法，必须测定各级分酶活性和比活。

测定蔗糖酶活性的方法有许多种，如费林试剂法、Nelson 试剂法、水杨酸试剂法等。本实验使用费林试剂法。

费林试剂法灵敏度较高，但数据波动较大，因为反应后溶液的颜色随时间会有变化，因此加样和测定光吸收值时最好能计时。其原理是在酸性条件下，蔗糖酶催化蔗糖水解，生成 1 分子葡萄糖和 1 分子果糖。这些具有还原性的糖与碱性铜试剂混合加热后被氧化，二价铜被还原成棕红色氧化亚铜沉淀，氧化亚铜与磷钼酸作用，生成蓝色溶液，其蓝色深度与还原糖的量成正比，于 650nm 测定光吸收值。

【试剂和器材】

**1. 试剂**

(1) 碱性铜试剂(用毕回收)：称取 10g 无水 $NaCO_3$，加入 100ml 去离子水溶解，另称取 1.88g 酒石酸，用 100ml 去离子水溶解，混合二溶液，再加入 1.13g 结晶 $CuSO_4$，溶解后定容至 250ml。

(2) 磷钼酸试剂(用毕回收)：在烧杯内加入钼酸 17.5g，钨酸钠 2.5g，10%NaOH 100ml，去离子水 100ml，混合后煮沸约 30min(小心不要蒸干)，除去钼酸中存在的氨，直到无氨味为止，冷却后加 85%磷酸 63ml，混合并用去离子水稀释至 250ml。

(3) 0.25%苯甲酸 200ml，配葡萄糖用。

(4) 葡萄糖标准溶液。①储液：精确称取无水葡萄糖(应在 105℃恒重)0.1802g，以 0.25%苯甲酸溶液溶解后，定容至 100ml 容量瓶中(浓度 10mmol/L)。②操作溶液：用移液管取储液 10ml，置于 50ml 容量瓶中，以用 0.25%苯甲酸或去离子水稀释至刻度(浓度为 2mmol/L)。

(5) 0.2mol/L 蔗糖溶液：称取 3.423g 蔗糖(相对分子质量为 342.3)加 $H_2O$ 溶解，定容至

50ml,分装在 10 个小试管中冰冻保存。因蔗糖极易水解,用时取出一管化冻后摇匀。

(6) 0.2mol/L pH4.9 乙酸缓冲液:称取 2.461g 无水乙酸钠(相对分子质量为 82.03)溶于 150ml $H_2O$,加 40～50ml 0.2mol/L 乙酸,调 pH 为 4.9,定容至 200ml,存于 4℃冰箱,瓶口用薄膜封口。

(7) 牛血清清蛋白标准蛋白质溶液:可用牛血清清蛋白预先经微量凯氏定氮法测定蛋白质的氮含量,根据其纯度配制成 1mg/ml 的溶液,或根据牛血清清蛋白的紫外消光系数 $A_{1cm}^{1\%}=6.6$ 来确定。

(8) 考马斯亮蓝 G-250 染料试剂:100mg 考马斯亮蓝 G-250 全溶于 50ml 95%乙醇后,加入 120ml 85%磷酸,用去离子水稀释至 1L(公用)。

**2. 器材**

试管,试管架;容量瓶;秒表;移液管(0.1ml、0.2ml、2.0ml、5.0ml);可见光分光光度计;沸水浴装置;水浴锅等。

【操作步骤】

**1. 各级分蛋白质含量的测定**

采用考马斯亮蓝染料法(Bradford 法)的微量法测定蛋白质含量,参见实验 3(因 Tris 会干扰 Lowry 法的测定)。标准蛋白质的取样量为 0.1ml、0.2ml、0.3ml、0.4ml、0.5ml、0.6ml、0.8ml、1.0ml,用去离子水补足至 1.0ml。

各级分先要仔细寻找和试测出合适的稀释倍数,并详细记录稀释倍数的计算(使用移液管和量筒稀释)。下列稀释倍数仅供参考。

粗级分Ⅰ:10～100 倍;

热级分Ⅱ:10～100 倍;

醇级分Ⅲ:10～100 倍;

醇级分Ⅲ′:不稀释;

柱级分Ⅳ:不稀释。

确定了稀释倍数后,每个级分取 2 个不同体积的样进行测定,然后取平均值,计算出各级分蛋白质浓度。

**2. 各级分蔗糖酶活性测定**

用 0.2mol/L 乙酸缓冲液(pH4.9)(也可以用 pH5～6 的去离子水代替)稀释各级分酶液,试测出测酶活合适的稀释倍数。

Ⅰ:1000～10 000 倍;

Ⅱ:1000～10 000 倍;

Ⅲ:10 000～1 000 000 倍;

Ⅲ′:不稀释;

Ⅳ:10 倍。

以上稀释倍数仅供参考。

按表 24-1 的顺序在试管中加入各试剂,进行测定,为简化操作可取消保鲜膜封口,沸水浴加热改为用 90～95℃水浴加热 8～10min。

**表 24-1　各级分的酶活力测定**

| 试剂 | 试管编号 | | | | | | | | | | | | |
|---|---|---|---|---|---|---|---|---|---|---|---|---|---|
| | 对照 | 粗级分Ⅰ | | 热级分Ⅱ | | 醇级分Ⅲ | | 醇级分Ⅲ′ | | 柱级分Ⅳ | | 葡萄糖 | |
| | 1 | 2 | 3 | 4 | 5 | 6 | 7 | 8 | 9 | 10 | 11 | 12 | 13 |
| 酶液/ml | 0.0 | 0.05 | 0.20 | 0.05 | 0.20 | 0.05 | 0.20 | 0.05 | 0.20 | 0.05 | 0.20 | — | — |
| $H_2O$/ml | 0.60 | 0.55 | 0.40 | 0.55 | 0.40 | 0.55 | 0.40 | 0.55 | 0.40 | 0.55 | 0.40 | 1.0 | 0.80 |
| 乙酸缓冲液(0.2mol/L pH4.9)/ml | 0.20 | 0.20 | 0.20 | 0.20 | 0.20 | 0.20 | 0.20 | 0.20 | 0.20 | 0.20 | 0.20 | — | — |
| 葡萄糖(2mmol/L)/ml | — | — | — | — | — | — | — | — | — | — | — | — | 0.20 |
| 蔗糖(0.2mol/L)/ml | 0.20 | 0.20 | 0.20 | 0.20 | 0.20 | 0.20 | 0.20 | 0.20 | 0.20 | 0.20 | 0.20 | — | — |
| | 加入蔗糖，立即摇匀开始计时，室温准确反应 10min 后，立即加碱性铜试剂中止反应 | | | | | | | | | | | | |
| 碱性铜试剂/ml | 1.0 | 1.0 | 1.0 | 1.0 | 1.0 | 1.0 | 1.0 | 1.0 | 1.0 | 1.0 | 1.0 | 1.0 | 1.0 |
| | 用保鲜膜封口，扎眼，沸水浴加热 8min，立即用自来水冷却 | | | | | | | | | | | | |
| 磷钼酸试剂/ml | 1.0 | 1.0 | 1.0 | 1.0 | 1.0 | 1.0 | 1.0 | 1.0 | 1.0 | 1.0 | 1.0 | 1.0 | 1.0 |
| $H_2O$/ml | 5.0 | 5.0 | 5.0 | 5.0 | 5.0 | 5.0 | 5.0 | 5.0 | 5.0 | 5.0 | 5.0 | 5.0 | 5.0 |
| $A_{650nm}$ | | | | | | | | | | | | | |
| $E'$/[μmol/(min·ml)] | | | | | | | | | | | | | |
| 平均 $E'$/[μmol/(min·ml)] | | | | | | | | | | | | | |
| 原始组分酶活/(U/ml) | | | | | | | | | | | | | |

**3. 酶浓度对反应速度影响的测定**

(1) 用柱级分Ⅳ的酶进行实验，酶活力的测定参照表 24-1 设计一个表格，反应混合物仍为 1ml。

(2) 第 1 管仍为蔗糖对照，9、10 管为葡萄糖的空白与标准，与表 24-1 中的 11、12 管相同。

(3) 2～7 管加入柱级分Ⅳ(取样前先试测出合适的稀释倍数)，分别为 0.02ml、0.05ml、0.1ml、0.2ml、0.4ml 和 0.6ml，然后各加 0.2ml 乙酸缓冲液(0.2mol/L，pH4.9)，每管用去离子水补充到 0.8ml。

(4) 1～7 管各加入 0.2ml 0.2mol/L 的蔗糖，每管由加入蔗糖开始计时，室温下准确反应 10min，立即加入 1ml 碱性铜试剂中止反应，然后按表 24-1 中的步骤进行测定。

(5) 第 8 管为 0 时间对照，与第 7 管相同，只是在加入 0.2ml 0.2mol/L 蔗糖之前，先加入碱性铜试剂，防止酶解作用。此管只用于观察，不进行计算。

(6) 计算柱级分Ⅳ的酶活力：U/ml 原始溶液。

(7) 以每分钟生成的还原糖的 μmol/L 数为纵坐标，以试管中 1ml 反应混合物中的酶浓度(mg 蛋白质/ml)为横坐标，画出反应速度与酶浓度的关系曲线。

稀释后酶液的活力(按还原糖计算)：

$$E'=\frac{A_{650nm}\times 0.2\times 2}{A'_{650nm}\times 10\times B}[\mu mol/(min\cdot ml)]$$

式中，$A_{650nm}$为第 2～10 管所测 $A_{650nm}$；$A'_{650nm}$为第 12 管所测 $A_{650nm}$；0.2 为第 12 管葡萄糖取样

量;2 为标准葡萄糖浓度 2mmol/L=2μmol/ml;10 为反应 10min;$B$ 为每管加入酶液毫升数。

原始酶液的酶活力 $E$=(平均 $E/2$)×稀释倍数(U/ml 原始组分)

**4. 计算各级分的比活力、纯化倍数及回收率**

为了测定和计算下面纯化表中的各项数据,对各个级分都必须取样,每取一次样,对于下一级分来说会损失一部分,因而要对下一个级分的体积进行校正,以使回收率的计算不致受到不利的影响。

酶的纯化表如下。

| 试　剂 | 级　分 | | | |
|---|---|---|---|---|
| | Ⅰ | Ⅱ | Ⅲ | Ⅳ |
| 记录体积/ml | | | | |
| 校正体积/ml | | | | |
| 蛋白质/(mg/ml) | | | | |
| 总蛋白质/mg | | | | |
| 酶活力/(U/ml) | | | | |
| 总活力/U | | | | |
| 比活/(U/mg) | | | | |
| 纯化倍数 | 1.0 | | | |
| 回收率/% | 100 | | | |

注:一个酶活力单位 U 是指在给定的实验条件下,每分钟能催化 1μmol/L 蔗糖水解所需的酶量,而水解 1μmol/L 蔗糖则生成 2μmol/L 还原糖,计算时请注意。

下表是对假定的各级分记录体积进行校正计算的方法和结果。

| 试　剂 | 级　分 | | | |
|---|---|---|---|---|
| | Ⅰ | Ⅱ | Ⅲ | Ⅳ |
| 记录体积/ml | 15 | 13.5 | 5 | 6 |
| 校正体积计算/ml | 15 | 13.5×(15/13.5) | 5×(15/13.5)×(13.5/12) | 6×(15/13.5)×(13.5/12)×(5/3.5) |
| 取样体积/ml | 1.5 | 1.5 | 1.5 | — |
| 校正后体积/ml | 15.00 | 15.00 | 6.25 | 10.71 |

【思考题】

1. 测定酶活性时应注意什么事项?
2. 用分光光度计时应注意什么事项?

# 实验25

## 反应时间对产物形成的影响

【实验目的】

了解酶促反应时间对产物形成的影响。

【实验原理】

本实验是以蔗糖为底物，测定蔗糖酶与底物反应的时间进程曲线，即在酶反应的最适条件下，每间隔一定的时间测定产物的生成量，然后以酶反应时间为横坐标，产物生成量为纵坐标，画出酶反应的时间进程曲线，由该曲线可以看出，曲线的起始部分在某一段时间范围内呈直线。其斜率代表酶反应的初速度；随着反应时间的延长，曲线斜率不断减小，说明反应速度逐渐降低，这可能是因为底物浓度降低和产物浓度增高而使逆反应加强等所致，因此测定准确的酶活力，必须在进程曲线的初速度时间范围内进行，测定这一曲线和初速度的时间范围，是酶动力学性质分析中的组成部分和实验基础。

【试剂和器材】

**1. 试剂**

(1) 碱性铜试剂(用毕回收)：称取 10g 无水 $NaCO_3$，加入 100ml 去离子水溶解，另称取 1.88g 酒石酸，用 100ml 去离子水溶解，混合二溶液，再加入 1.13g 结晶 $CuSO_4$，溶解后定容至 250ml。

(2) 磷钼酸试剂(用毕回收)：在烧杯内加入钼酸 17.5g，钨酸钠 2.5g，10%NaOH 100ml，去离子水 100ml，混合后煮沸约 30min(小心不要蒸干)，除去钼酸中存在的氨，直到无氨味为止，冷却后加 85%磷酸 63ml，混合并用去离子水稀释至 250ml。

(3) 0.25%苯甲酸溶液：称取 0.625g 苯甲酸，用少量乙醇溶解后，移入容量瓶并用蒸馏水定容至 250ml。

(4) 葡萄糖标准溶液。①储液：精确称取无水葡萄糖(应在 105℃恒重过)0.1802g，以 0.25%苯甲酸溶液溶解后，定容到 100ml 容量瓶中(浓度 10mmol/L)。②操作溶液：用移液管取储液 10ml，置于 50ml 容量瓶中，以用 0.25%苯甲酸或去离子水稀释至刻度(浓度为 2mmol/L)。

(5) 0.2mol/L 蔗糖溶液：称取 3.423g 蔗糖(相对分子质量为 342.3)加 $H_2O$ 溶解，定容至 50ml，分装在 10 个小试管中冰冻保存。因蔗糖极易水解，用时取出一管化冻后摇匀。

(6) 2.5mmol/L 蔗糖溶液：取 0.2mol/L 蔗糖溶液稀释 80 倍。

(7) 0.2mol/L 乙酸缓冲液(pH4.9):称取 2.461g 无水乙酸钠(相对分子质量为 82.03)溶于 150ml $H_2O$,加 40～50ml 0.2mol/L 乙酸,调 pH 为 4.9,定容至 200ml,存于 4℃冰箱,瓶口用薄膜封口。

**2. 器材**

试管;试管架;秒表;移液管(0.1ml、0.2ml、2.0ml、5.0ml);可见光分光光度计;沸水浴装置;水浴锅;橡皮筋。

## 【操作步骤】

(1) 准备 12 支试管,按表 25-1 进行加样和测定。用反应时间为 0 的第 1 管作空白对照,此试管要先加碱性铜试剂后加酶。第 10 支试管是校正蔗糖的酸水解。用第 11 管作为对照,测定第 12 管葡萄糖标准溶液的光吸收值,用以计算第 2～9 测定管所生成还原糖的微摩尔数。

(2) 表 25-1 中底物蔗糖的量为每管 0.25μmol/L,全部反应后可产生 0.5μmol/L 的还原糖,所有的蔗糖和酶浓度应使底物在 20min 内基本反应完。

**表 25-1　反应时间对产物浓度的影响**

| 试剂 | 试管编号 | | | | | | | | | | | |
|---|---|---|---|---|---|---|---|---|---|---|---|---|
| | 1 | 2 | 3 | 4 | 5 | 6 | 7 | 8 | 9 | 10 | 11 | 12 |
| 2.5mmol/L 蔗糖/ml | 0.1 | 0.1 | 0.1 | 0.1 | 0.1 | 0.1 | 0.1 | 0.1 | 0.1 | 0.1 | — | — |
| 乙酸缓冲液/ml | 0.2 | 0.2 | 0.2 | 0.2 | 0.2 | 0.2 | 0.2 | 0.2 | 0.2 | 0.2 | — | — |
| 去离子水/ml | 0.4 | 0.4 | 0.4 | 0.4 | 0.4 | 0.4 | 0.4 | 0.4 | 0.4 | 0.7 | 1.0 | 0.8 |
| 2mmol/L 葡萄糖/ml | — | — | — | — | — | — | — | — | — | — | — | 0.2 |
| 碱性铜试剂/ml | 1.0 | — | — | — | — | — | — | — | | | | |
| | 由加酶开始计时 | | | | | | | | | | | |
| 蔗糖酶/ml | 0.3 | 0.3 | 0.3 | 0.3 | 0.3 | 0.3 | 0.3 | 0.3 | 0.3 | — | — | — |
| 反应时间/min | 0 | 1 | 3 | 4 | 8 | 12 | 20 | 30 | 40 | | | |
| | 反应时间到后立即向"2～12"管加入 1ml 碱性铜试剂中止反应 | | | | | | | | | | | |
| 碱性铜试剂/ml | — | 1.0 | 1.0 | 1.0 | 1.0 | 1.0 | 1.0 | 1.0 | 1.0 | 1.0 | 1.0 | 1.0 |
| | 盖薄膜,扎孔,沸水浴上煮 8min 后速冷 | | | | | | | | | | | |
| 磷钼酸试剂/ml | 1.0 | 1.0 | 1.0 | 1.0 | 1.0 | 1.0 | 1.0 | 1.0 | 1.0 | 1.0 | 1.0 | 1.0 |
| 去离子水/ml | 5.0 | 5.0 | 5.0 | 5.0 | 5.0 | 5.0 | 5.0 | 5.0 | 5.0 | 5.0 | 5.0 | 5.0 |
| 测定 $A_{650nm}$ | | | | | | | | | | | | |
| 生成还原糖的微摩尔数 | | | | | | | | | | | | |

(3) 画出生成的还原糖的微摩尔数[即产物浓度(μmol/ml)]与反应时间的关系曲线,即反应的时间进程曲线,求出反应的初速度。

## 【思考题】

测定酶活性时反应时间如何确定?

# 实验26 小麦叶片淀粉酶 $V_{max}$ 和 $K_m$ 测定

【实验目的】

学习活组织中酶 $V_{max}$ 和 $K_m$ 测定原理和方法。

【实验原理】

随着科学的发展，人们不仅研究分离纯化后酶的性质，也研究在体酶的性质，其中就包括 $V_{max}$ 和 $K_m$ 的测定。本实验利用小麦叶片作材料，测定其 $V_{max}$ 和 $K_m$。α-淀粉酶能将淀粉分子链中的 α-1，4 葡萄糖苷键随机切断成长短不一的短链糊精、少量麦芽糖和葡萄糖，而使淀粉对碘呈蓝紫色的特异性反应逐渐消失，呈红棕色，其颜色消失的速度与酶活力有关，故可通过测定反应后的吸光度计算其酶活力。

【试剂和器材】

**1. 试剂**

(1) 原碘液：称取碘($I_2$)11g，碘化钾(KI)22g，用少量水使碘完全溶解，然后定容至 500ml，储于棕色瓶中。

(2) 稀碘液：吸取原碘液 2.00ml，加碘化钾 20g，用水溶解并定容至 500ml，储于棕色瓶中。

(3) 2%可溶性淀粉溶液：称取可溶性淀粉(以绝对干重计)2.000g，精确至 0.001g，用水调成浆状物，在搅动下缓缓倾入 70ml 沸水中。然后，以 20ml 水分几次冲洗装淀粉的烧杯，洗液并入其中，加热至完全透明，冷却，定容至 100ml。此溶液需要当天配制。

(4) 柠檬酸-磷酸氢二钠缓冲液(pH7.0)：称取磷酸氢二钠($Na_2HPO_4 \cdot 12H_2O$)58.96g、柠檬酸($C_6H_8O_7 \cdot H_2O$)3.71g，用水溶解并定容至 1000ml。配好后用 pH 计校正。

**2. 器材**

试管；试管架；离心机；研钵；制冰机；沸水浴装置；pH 计；秒表；移液管(0.1ml、0.2ml、2.0ml、5.0ml)；可见光分光光度计；水浴锅等。

【操作步骤】

**1. 样品的制备**

准确称取 0.2g 小麦叶片，加入 1ml 柠檬酸-磷酸氢二钠缓冲液(pH7.0)，研磨充分后，

12 000r/min离心 20min，上清即为待测粗酶液。

**2. 测定**

(1) 按下表将 2%淀粉溶液、$H_2O$、柠檬酸-磷酸氢二钠缓冲液(pH7.0)依次加入试管中，摇匀后，放入 37℃水浴 5min。

| 管　号 | 淀粉溶液/ml | $H_2O$/ml | 缓冲液/ml | 酶液/ml |
|---|---|---|---|---|
| 1 | 0.1 | 2.00 | 0.9 | 0 |
| 2 | 0.1 | 1.5 | 0.9 | 0.5 |
| 3 | 0.15 | 1.45 | 0.9 | 0.5 |
| 4 | 0.2 | 1.4 | 0.9 | 0.5 |
| 5 | 0.25 | 1.35 | 0.9 | 0.5 |

(2) 按上表加入酶液后，立刻计时，摇匀，37℃下准确反应 5min。

(3) 立即从 1 号管吸取 0.5ml 反应液于稀碘液 2.5ml 中，摇匀，其他管吸取 0.5ml 反应液，放入 2.5ml 稀碘液中，摇匀，并以稀碘液作空白，于 660nm 波长下，用 10mm 比色皿，迅速测定吸光度。

(4) 按上表试管 2～5 操作，将 2%淀粉溶液、$H_2O$、0.02mol/L 磷酸缓冲液(pH6.0)分别加入试管中，摇匀后，放置冰浴，将酶液也放置冰浴，10min 后将 0.5ml 酶液加入各管混匀，吸取 0.5ml 反应液于稀碘液 2.5ml 中，摇匀，于 660nm 波长下用 10mm 比色皿迅速测定吸光度，作为相应管的对照。

**3. 计算**

(1) 酶促反应速度的计算如下：

$$反应后残留淀粉含量\ C_a(mg)=A_a\times C_1/A_1$$

式中，$C_1$ 为 1 号管显色反应体系中可溶性淀粉含量；$A_1$ 为 1 号管吸光度；$C_a$ 为其他测定管残留淀粉含量；$A_a$ 为其他测定管减相应管对照的吸光度。

酶促反应速度 $v$(mg/min)=(反应体系中所加入淀粉含量－反应后淀粉残留量)/5

(2) 将相应数据填入下表：

| 管　号 | 残留淀粉量 | 消耗淀粉量 | $v$ | $1/v$ | $1/[S]$ |
|---|---|---|---|---|---|
| 2 | | | | | |
| 3 | | | | | |
| 4 | | | | | |
| 5 | | | | | |

(3) 以 $1/[S]$ 为横坐标，$1/v$ 为纵坐标作图，求出 $V_{max}$ 和 $K_m$。

【思考题】

1. 测定酶 $V_{max}$ 和 $K_m$ 需要注意什么？
2. 实验中测定步骤(4)的作用是什么？

# 实验27

# 底物浓度对酶促反应速度的影响——米氏常数的测定

【实验目的】

了解底物浓度对酶促反应速度的影响；学习测定米氏常数($K_m$)的原理和方法。

【实验原理】

早在1913年，Michaelis和Menten首先提出了酶促反应速度和底物浓度的关系式，即米氏方程式

$$v=\frac{V\cdot[S]}{K_m+[S]}$$

式中，$v$为反应初速度；$V$为最大反应速度；[S]为底物浓度；$K_m$为米氏常数，单位为mol/L。

$K_m$是酶的一个特征常数，一般说来，$K_m$可以近似地表示酶与底物的亲和力。测定$K_m$是酶学研究中的一个重要方法。

Lineweaver-Burk作图法是用实验方法测定$K_m$的最常用的比较方便的方法。

Lineweaver和Burk将米氏方程改写成倒数形式

$$\frac{1}{v}=\frac{K_m}{V}\cdot\frac{1}{[S]}+\frac{1}{V}$$

实验时选择不同的[S]，测定相对应的$v$。求出两者的倒数，以$\frac{1}{v}$对$\frac{1}{[S]}$作图，则得到一个斜率为$K_m/V$的直线。将直线外推与横坐标相交，其横坐标截距为$-\frac{1}{[S]}=\frac{1}{K_m}$，由此求出$K_m$。这个方法比较简便。

本实验以胰蛋白酶消化酪蛋白为例，采用Lineweaver-Burk双倒数作图法测定$K_m$。

胰蛋白酶是胰液中的一种酶，它催化蛋白质中碱性氨基酸(L-精氨酸和L-赖氨酸)的羧基所形成的肽键水解。水解时生成自由氨基，因此可以用甲醛滴定法判断自由氨基增加的数量来追踪反应。

【试剂和器材】

**1. 试剂**

(1) 40g/L酪蛋白溶液(pH8.5)：称取40g酪蛋白溶解在大约900ml水中，再加20ml

1mol/L NaOH，连续振荡此悬浮液，微热直至溶解，最后用 1mol/L HCl 或 1mol/L NaOH 调 pH 为 8.5，并用水稀释至 1L。

(2) 胰蛋白酶溶液(40g/L)：称取 40g 胰蛋白酶溶于蒸馏水中，定容至 1L。也可用由胰脏制备的粗胰蛋白酶制剂配制，并放入冰箱内保存。

(3) 甲醛溶液(40%)。

(4) 酚酞(2.5g/L 乙醇)：称取 0.25g 酚酞溶于乙醇中，定容至 100ml。

(5) 标准 NaOH(约 0.1mol/L)溶液：称取 4g NaOH 溶于蒸馏水中，定容至 1L。

**2. 器材**

50ml 及 150ml 锥形瓶；25ml 碱滴定管、滴定台、蝴蝶夹；10ml 及 5ml 吸管；100ml 量筒；恒温水浴锅等。

【操作步骤】

(1) 分别向 6 个小锥形瓶中加入 5ml 甲醛溶液和 1 滴酚酞，并滴加 0.1mol/L 标准 NaOH 溶液，直至混合物呈微粉红色。所有锥形瓶中的颜色应当一致。

(2) 取 70ml 40g/L 酪蛋白溶液，加入另一个锥形瓶中，在 37℃水浴中保温 10min。将胰蛋白酶溶液也在 37℃水浴中保温 10min。然后精确地量取 7ml 酶液加到酪蛋白溶液中(同时计时)。充分混合后，随即取出 10ml 反应混合物(作为零时的样品)吹至一含甲醛的锥形瓶中。向所取的反应混合物中加入酚酞(每毫升混合物加入 1 滴酚酞)，用 0.1mol/L NaOH 滴定直至呈微弱但持续的粉红色，在接近终点之前，再加入指示剂(每毫升 NaOH 加入 1 滴酚酞)。然后，继续滴至终点，记下所用 0.1mol/L NaOH 的毫升数。

(3) 在 2min、4min、6min、8min 和 10min 时，分别取出 10ml 消化样品，准确地照上法操作。在每个样品中滴定终点的颜色应当是一致的。用增加的滴定度对时间作图，测定初速度。

(4) 配制不同浓度的酪蛋白溶液(7.5g/L、10g/L、15g/L、20g/L、30g/L)，测定不同底物浓度时的活力。反应时间为以增加的滴定度对时间作图中速度呈线性变化的时间点。

(5) 计算：用实验测得的结果，以$\frac{1}{v}$对$\frac{1}{[S]}$作图，求出 $V$ 和 $K_m$的数值。

【思考题】

1. 如何正确测定酶促反应速度？

2. 用实验所得的反应速度数据，对相应的底物浓度作图。由所得曲线可以看出底物浓度对酶反应的影响有何特殊规律？

# 实验28

# 小麦叶片淀粉酶抑制剂动力学反应

【实验目的】

了解酶抑制动力学反应测定原理和方法。

【实验原理】

酶的抑制作用基本上存在于所有酶促反应的细胞内，人类现阶段发明的很多药物都是酶抑制剂。研究酶的抑制，还是研究酶结构、功能、催化机制和生物代谢途径的一个重要手段。研究酶的抑制在理论和实践上具有很重要的意义。$\alpha$-淀粉酶能将淀粉分子链中的$\alpha$-1,4 葡萄糖苷键随机切断成长短不一的短链糊精、少量麦芽糖和葡萄糖，而使淀粉对碘呈蓝紫色的特异性反应逐渐消失，呈红棕色，其颜色消失的速度与酶活力有关，故可通过测定反应后的吸光度计算其酶活力。硫酸铜是淀粉酶的抑制剂，改变硫酸铜的浓度可以影响酶的活性。

【试剂和器材】

**1. 试剂**

(1) 原碘液：称取碘($I_2$)11g，碘化钾(KI)22g，用少量蒸馏水使碘完全溶解，然后定容至500ml，储于棕色瓶中。

(2) 稀碘液：吸取原碘液 2.00ml，加碘化钾 20g，用蒸馏水溶解并定容至 500ml，储于棕色瓶中。

(3) 2%可溶性淀粉溶液：称取可溶性淀粉（以绝干计）2.000g，精确至 0.001g，用蒸馏水调成浆状物，在搅动下缓缓倾入 70ml 沸水中。然后，以 20ml 蒸馏水分几次冲洗装淀粉的烧杯，洗液并入其中，加热至完全透明，冷却，定容至 100ml。此溶液需要当天配制。

(4) 0.02mol/L 柠檬酸-磷酸氢二钠缓冲液(pH7.0)：称取磷酸氢二钠($Na_2HPO_4 \cdot 12H_2O$)58.96g、柠檬酸($C_6H_8O_7 \cdot H_2O$)3.71g，用水溶解并定容至 1000ml。配好后用 pH 计校正。

(5) 1% $CuSO_4$溶液：称取硫酸铜 1.0g，定容至 100ml。

**2. 器材**

试管；试管架；pH 计；研钵；容量瓶；秒表；移液管(0.1ml、0.2ml、2.0ml、5.0ml)；可见光分光光度计；水浴锅等。

**3. 实验材料**

小麦叶片。

【操作步骤】

**1. 样品的制备**

准确称取 0.3g 小麦叶片，加入 0.9ml 0.02mol/L 柠檬酸-磷酸氢二钠缓冲液(pH6.0)，研磨充分后，12 000r/min 离心 20min，上清即为待测液。

**2. 测定**

(1) 按下表依次将 1%淀粉溶液、$H_2O$、0.02mol/L 柠檬酸-磷酸氢二钠缓冲液(pH7.0)、1% $CuSO_4$ 溶液分别加入试管中，摇匀后，于(37±0.2)℃恒温水浴中预热 5min。

| 管　号 | 淀粉溶液/ml | $H_2O$/ml | 缓冲液/ml | $CuSO_4$/ml | 酶液/ml |
|---|---|---|---|---|---|
| 1 | 0.15 | 1.95 | 0.5 | 0 | 0 |
| 2 | 0.15 | 1.45 | 0.5 | 0 | 0.5 |
| 3 | 0.15 | 1.25 | 0.5 | 0.2 | 0.5 |
| 4 | 0.15 | 1.15 | 0.5 | 0.3 | 0.5 |
| 5 | 0.15 | 1.05 | 0.5 | 0.4 | 0.5 |
| 6 | 0.10 | 2.00 | 0.5 | 0 | 0 |
| 7 | 0.10 | 1.5 | 0.5 | 0 | 0.5 |
| 8 | 0.10 | 1.3 | 0.5 | 0.2 | 0.5 |
| 9 | 0.10 | 1.2 | 0.5 | 0.3 | 0.5 |
| 10 | 0.10 | 1.1 | 0.5 | 0.4 | 0.5 |

(2) 按上表加入酶液后，立刻计时，摇匀，37℃下准确反应 5min。

(3) 立即吸取 0.5ml 反应液于 2.5ml 稀碘液中，摇匀，并以稀碘液作空白对照，于 660nm 波长下，用 10mm 比色皿，迅速测定标准品吸光度($A_1$)及待测待测液吸光度。

(4) 按上表中第 2 行和第 7 行，依次将 1%淀粉溶液、$H_2O$、0.02mol/L 柠檬酸-磷酸氢二钠缓冲液(pH7.0)分别加入试管中，摇匀后，放置冰浴，将酶液也放置冰浴，10min 后加入酶液混匀，吸取 0.5ml 反应液于稀碘液 2.5ml 中，摇匀，于 660nm 波长下，用 10mm 比色皿，迅速测定吸光度，作为相应管的对照。

**3. 计算**

(1) 酶促反应速度的计算如下：

$$\text{反应后残留淀粉含量 } C_a(\text{mg}) = A_a \times C_1 / A_1$$

式中，$C_1$ 为 1 号管显色反应体系中可溶性淀粉含量；$A_1$ 为 1 号管吸光度；$C_a$ 为其他测定管残留淀粉含量；$A_a$ 为其他测定管减相应管对照的吸光度。

酶促反应速度 $v$(mg/min)=(反应体系中所加入淀粉含量－反应后淀粉残留量)/5

(2) 将相应数据填入下表：

| 管　号 | 残留淀粉量 | 消耗淀粉量 | $v$ | $1/v$ | 硫酸铜浓度 |
|---|---|---|---|---|---|
| 2 | | | | | |
| 3 | | | | | |
| 4 | | | | | |
| 5 | | | | | |
| 7 | | | | | |
| 8 | | | | | |
| 9 | | | | | |
| 10 | | | | | |

(3) 以抑制剂浓度为横坐标，$1/v$ 为纵坐标作图，求出抑制剂常数 $K_i$。

【思考题】

酶的抑制剂分为哪几类？

# 实验29 质粒DNA的提取、酶切和鉴定

【实验目的】

学习和掌握质粒DNA的提取纯化、限制性核酸内切酶酶切及琼脂糖凝胶电泳等方法和技术。

## 一、质粒DNA的提取

【实验原理】

要把一个有用的外源基因通过基因工程手段送进生物细胞中进行繁殖和表达，需要运载工具，携带外源基因进入受体细胞的这种工具就叫做载体(vector)。载体的设计和应用是DNA体外重组的重要条件。作为基因工程的载体必须具备下列条件：①具有自主复制的能力，载体带有复制起点才能使与它结合的外源基因复制繁殖；②载体在受体细胞中能大量增殖，只有高复制率才能使外源基因在受体细胞中大量扩增；③载体DNA链上有一到几个限制性核酸内切酶的单一识别与切割位点，便于外源基因的插入；④载体具有选择性的遗传标记，如有抗四环素基因($Te^r$)、抗新霉素基因($Ne^r$)等，以此判断它是否已进入受体细胞，也可根据这个标记将受体细胞从其他细胞中分离筛选出来；⑤使用安全。细菌质粒具备上述条件，它是基因工程中常用的载体之一。

质粒(plasmid)是一种染色体外的稳定遗传因子，大小为1～200kb，是具有双链闭合环状结构的DNA分子。主要发现于细菌、放线菌和真菌细胞中。质粒具有自主复制和转录能力，能使子代细胞保持它们恒定的拷贝数，表达其携带的遗传信息。它可独立游离在细胞质内，也可整合到细菌染色体中，它离开宿主的细胞就不能存活，而它控制的许多生物学功能也是对宿主细胞的补偿。质粒在细胞内的复制，一般分为两种类型：严紧控制型(stringent control)和松弛控制型(relaxed control)。前者只在细胞周期的一定阶段进行复制，染色体不复制时，它也不复制。每个细胞内只含有1个或几个质粒分子。后者的质粒在整个细胞周期中随时可以复制，在细胞里它有许多拷贝，一般在20个以上。通常大的质粒如F因子等，拷贝数较少，复制受到严格控制；小的质粒，如ColE Ⅰ质粒(含有产生大肠杆菌素*E1*基因)，拷贝数较多，复制不受严格控制。在使用蛋白质合成抑制剂——氯霉素时，染色体DNA复制受阻，而松弛型ColE Ⅰ质粒继续复制12～16h，由原来20多个拷贝可扩增至1000～3000个拷贝，此时质粒DNA占总DNA的含量由原来的2%增加到40%～50%。本实验分离纯化的质粒pBR322就是由ColE Ⅰ衍生的质粒。

质粒 DNA 的提取是根据质粒 DNA 分子较染色体 DNA 为小，且具有超螺旋共价闭环状的特点将两者分离。目前国内外一些实验室采用的方法有碱裂解法、煮沸裂解法、溴化乙锭-氯化铯密度梯度离心法、羟基磷灰石法等。所有分离质粒 DNA 的方法都包括三个基本步骤：培养细菌使质粒扩增；收集和裂解细菌；分离和纯化质粒 DNA。碱裂解法是较常用的提取方法。其优点是得率高，适合于大多数的菌株，所得产物经纯化后可满足多数的 DNA 重组操作。此法采取 pH 高达 12.6 的碱溶液使 DNA 发生变性。在 EDTA 存在下，用溶菌酶破坏细菌细胞壁，经阴离子去污剂 SDS 处理，使细胞膜崩解，达到充分裂解菌体，并使染色体 DNA 氢键断裂、双螺旋结构解体而变性的目的。由于质粒和染色体的拓扑结构不同，变性时前者虽然两条链分离，但仍然缠绕在一起不分开；而后者完全变性分离，甚至出现断裂。因此，当加入中和液时，溶液 pH 恢复到较低的近中性水平，此时，质粒的两条小分子单链可迅速复性，恢复双链结构，但是染色体 DNA 则无法复性。在离心时，大部分染色体与细胞碎片，杂质等缠绕一起被沉淀，而可溶性的质粒 DNA 留在上清液中，其中还含有可溶性蛋白、核糖核蛋白和少量染色体 DNA，通过碱性酚(pH 8.0)和氯仿混合液的抽提可以去除蛋白质等。用酒精沉淀洗涤，可得到质粒 DNA。

质粒 DNA 相对分子质量一般为 $10^6$～$10^7$，如质粒 pBR322 的分子质量为 $2.8\times10^6$ Da。在本实验中，自制质粒在电泳凝胶中呈现 3 条区带。

## 【试剂和器材】

### 1. 试剂

(1) GET 缓冲液(50mmol/L 葡萄糖，10mmol/L EDTA，25mmol/L Tris-HCl，pH 8.0)，用前加溶菌酶 4mg/ml。

(2) 碱溶液：称取 0.8g NaOH，1g SDS，溶于无菌水并定容至 100ml，现用现配。

(3) 酚水饱和液(pH8.0)：用重蒸水饱和重蒸酚，然后用 Tris-NaOH 溶液(1mol/L Tris 5ml＋5mol/L NaOH 300μl)调水饱和酚的 pH 至 8.0。

(4) TE 缓冲液(pH8.0)：10mmol/L Tris-HCl，1mmol/L EDTA，其中含 RNA 酶(RNaseA)20μg/ml。

(5) LB (Luria-Bertani)培养基：称取胰蛋白胨(bacto-tryptone)10g，酵母提取物(bacto-yeast extract)5g，NaCl 10g，琼脂糖或琼脂(固体培养基时用)15g，用 10% NaOH 调 pH 至 7.5，定容至 1000ml。

(6) 无水乙醇。

(7) 70%乙醇溶液。

(8) 大肠杆菌 DH5α。

(9) 氯仿。

### 2. 器材

1.5ml 离心管(又称 Eppendorf 离心管)；塑料离心管架(30 孔)；10μl、100μl、1000μl 微量加样器；牙签；常用玻璃仪器及滴管等；台式高速离心机(20 000r/min)；振荡培养箱；制冰机等。

## 【操作步骤】

### 1. 培养细菌

将带有质粒 pBR322 的大肠杆菌接种在 LB 琼脂糖培养基上，37℃培养 24～48h。

### 2. 从菌落中快速提取制备质粒 DNA

(1) 用 3～5 根牙签挑取平板培养基上的菌落，放入 1.5ml 小离心管中。或取液体培养菌液 1.5ml 置小离心管中，10 000r/min 离心 5min，去掉上清液。加入 150μl GET 缓冲液。充分混匀，在室温下放置 10min，溶菌酶在碱性条件下不稳定，必须在使用时新配制溶液。使用 EDTA 是为了去除细胞壁上的 $Ca^{2+}$，使溶菌酶更易与细胞壁接触。

(2) 加入 200μl 新配制的 0.2mol/L NaOH，1% SDS。加盖，颠倒 2 或 3 次使之混匀。冰上放置 5min。SDS 能使细胞膜裂解，并使蛋白质变性。

(3) 加入 150μl 预冷的乙酸钾溶液(pH4.8)。加盖后，颠倒 2 或 3 次使之混匀。冰上放置 15min。乙酸钾能沉淀 SDS 和 SDS 与蛋白质的复合物，在冰上放置 15min 是为了使沉淀完全。

(4) 用台式高速离心机 10 000r/min 离心 5min，上清液倒入另一干净的离心管中。如果上清液经离心后仍混浊，应混匀后再冷却至 0℃并重新离心。

(5) 向上清液中加入等体积酚/氯仿(1∶1，$V/V$)，振荡混匀，10 000r/min 离心 2min，将上清液转移至新的离心管中。用酚与氯仿的混合液除去蛋白质，效果较单独使用酚或氯仿更好。

(6) 向上清液加入 2 倍体积无水乙醇，混匀，室温放置 2min，10 000r/min 离心 5min，倒去上清乙醇溶液，把离心管倒扣在吸水纸上，吸干液体。

(7) 加 1ml 70%乙醇，振荡并 10 000r/min 离心 2min，倒去上清液，真空抽干，待用(可以在－20℃保存)。

(8) 如果下面不进行酶切，而直接进行电泳分离，则在上述制得的样中加上 25μl 的 TE 缓冲液，再加上 5μl 样品覆盖液以备电泳之需。

## 【注意事项】

(1) 从大肠杆菌中提取的 pBR322 质粒 DNA，是一种松弛型复制的质粒，拷贝数多，氯霉素存在条件下，染色体 DNA 被抑制而质粒 DNA 不断扩增。它含有氨苄西林和四环素的抗性基因，以及多种使用方便的限制性酶切点(如 *Eco*R Ⅰ、*Hind* Ⅲ、*Bam*H Ⅰ……)。pBR322 质粒 DNA 是人工重组的，有 4363bp。不能自我转移，便于生物学防护以保证安全。

(2) 分离质粒 DNA 时，从平板上挑用的菌体不能太多(按前面讲述的，用 3～5 根牙签)。菌量多，杂酶也相对多，在所用试剂量范围内，提取、纯化相对困难，电泳后得到的 DNA 带就不整齐。

(3) 提取过程中，除规定的实验条件外，应尽量保持低温，避免过酸过碱，搅动提取液时要温和，防止机械剪切；避免脱氧核糖核酸酶对质粒 DNA 的降解及破坏。用以除去 RNA 的牛胰核糖核酸酶制剂中，常常混有脱氧核糖核酸酶，利用核糖核酸酶耐热的特性，使用时应先对酶液进行热处理(80℃，1h)，使脱氧核糖核酸酶失活。

(4) 提取核酸过程中，除去蛋白质是很重要的，采用酚/氯仿去除蛋白质的效果较单独用酚或氯仿好。要将蛋白质尽量除干净，需多次抽提；但本实验只抽提一次，以防止质粒 DNA 断裂成碎片。经过预备实验结果分析，抽提一次即能达到本实验的要求。

(5) 本实验用乙醇沉淀 DNA，通常使用冷乙醇。在低温条件下，放置时间稍长可使 DNA 沉淀完全，但杂质也因此同时沉淀。本实验采用室温条件沉淀，虽然得到 DNA 的量少，但其纯度相对高，以免影响电泳结果。沉淀 DNA 也可使用异丙醇，只需 0.54 倍体积就可将 DNA 沉淀出来，沉淀完全而且快，但常把盐沉淀出来，所以用的较广泛的还是乙醇。

## 二、质粒 DNA 的限制性内切核酸酶酶切及分离、鉴定

【实验原理】

限制性内切核酸酶(简称限制酶)是在细菌对噬菌体的限制和修饰现象中发现的。细菌细胞内同时存在一对酶，分别为限制性内切核酸酶(限制作用)和 DNA 甲基化酶(修饰作用)。它们对 DNA 底物有相同的识别顺序，但生物功能却相反。由于细胞内存在 DNA 甲基化酶，它能在限制酶所识别的若干碱基上甲基化，就避免了限制酶对细胞自身 DNA 的切割破坏，而感染的外来噬菌 DNA，因无甲基化而被切割破坏。因此限制酶是该细菌细胞的卫士，它与 DNA 甲基化酶一起构成了保护自己、抵抗外源 DNA 入侵的防御机制。如果入侵的噬菌体 DNA 没有完全被限制酶切割破坏，残留的噬菌体 DNA 在复制时，由于 DNA 甲基化酶的存在，同样地也在识别部位进行修饰——甲基化。限制酶对这种复制后的噬菌体 DNA 就无法起作用，以致大量繁殖起来，该受体细胞也因此遭到了“灭顶之灾”。

目前已发现的限制酶有数百种。*Eco*RⅠ和 *Hin*d Ⅲ都属于Ⅱ型限制性内切核酸酶，这类酶的特点是具有能够识别双链 DNA 分子上的特异核苷酸顺序的能力，能在这个特异性核苷酸序列内切断 DNA 的双链，形成一定长度和顺序的 DNA 片段。*Eco*RⅠ和 *Hin*dⅢ的识别序列和切口分别是

*Eco*RⅠ：G↓AATTC　　*Hin*dⅢ：A↓AGCTT

G，A 等核苷酸表示酶的识别序列，箭头表示酶切口。限制酶对环状质粒 DNA 有多少切口，就能产生多少个酶解片段，因此鉴定酶切后的片段在电泳凝胶的区带数，就可以推断酶切口的数目，从片段的迁移率可以大致判断酶切片段的大小。用已知相对分子质量的线状 DNA 为对照，通过比较电泳迁移率，可以粗略地测出分子形状相同的未知 DNA 的相对分子质量。采用 *Eco*RⅠ和 *Hin*d Ⅲ分别酶切 λDNA，其酶切片段作为样品酶切片段大小的相对分子质量标准，参看表 29-1 和表 29-2。

**表 29-1　λDNA *Eco*RⅠ酶解片段**

| 片　段 | 碱基对数目/kb | 分子质量/Da |
|---|---|---|
| 1 | 21.226 | $13.7\times10^6$ |
| 2 | 7.421 | $4.74\times10^6$ |
| 3 | 5.804 | $3.73\times10^6$ |

续表

| 片 段 | 碱基对数目/kb | 分子质量/Da |
|---|---|---|
| 4 | 5.643 | $3.48\times10^6$ |
| 5 | 4.878 | $3.02\times10^6$ |
| 6 | 3.530 | $2.13\times10^6$ |

**表 29-2 λDNA *Hin*d Ⅲ 酶解片段**

| 片 段 | 碱基对数目/kb | 分子质量/Da |
|---|---|---|
| 1 | 23.130 | $15.0\times10^6$ |
| 2 | 9.419 | $6.12\times10^6$ |
| 3 | 6.557 | $4.26\times10^6$ |
| 4 | 4.371 | $2.84\times10^6$ |
| 5 | 2.322 | $1.51\times10^6$ |
| 6 | 2.028 | $1.32\times10^6$ |
| 7 | 0.564 | $0.37\times10^6$ |
| 8 | 0.125 | $0.08\times10^6$ |

质粒的加工需要工具酶，限制酶是重要的工具酶之一。将质粒和外源基因用限制酶酶切，再经过复性和 DNA 连接酶封闭切口，便可获得携带外源基因的重组质粒(图 29-1)重组质粒可以转移到另一个生物细胞中去(细胞转化或转染)，进而复制、转录和表达外源基因产物。这样通过基因工程可获得所需各种蛋白质产物。本实验以商品 pBR322 质粒 DNA 为标准，以自己提取的 pBR322 质粒 DNA 为样品，用限制酶进行酶切，再经琼脂糖凝胶电泳分离酶切片段，以鉴定自制 pBR322 质粒 DNA。

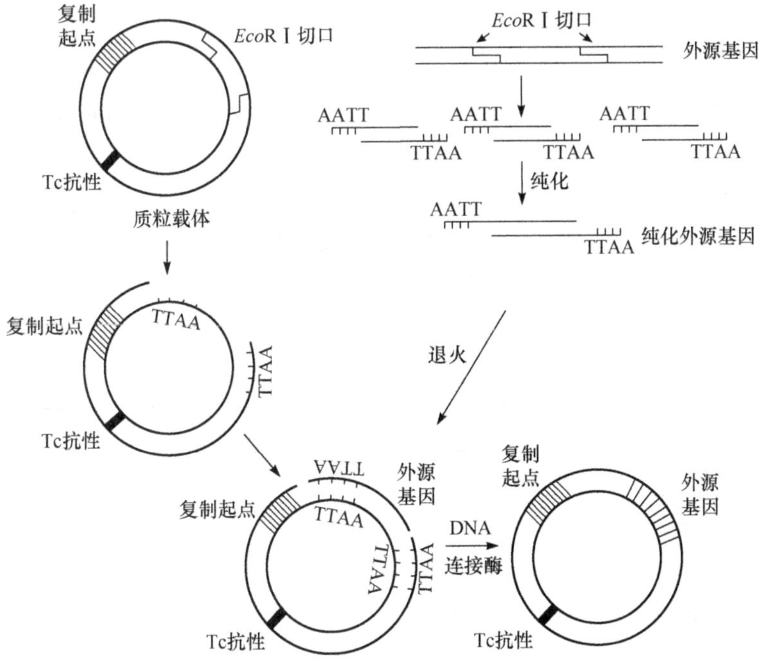


图 29-1 携带外源基因的重组质粒制备过程

【试剂和器材】

**1. 试剂**

(1) *Eco*RⅠ酶解反应液(10×):1mol/L Tris-HCl(pH 7.5),0.5mol/L NaCl,0.1mol/L $MgCl_2$。

(2) *Hin*dⅢ酶解反应液(10×):0.1mol/L Tris-HCl(pH 7.4),1mol/L NaCl,0.07mol/L $MgCl_2$。

(3) 0.5×TBE 缓冲液:称取 Tris 10.88g、硼酸 5.52g 和 EDTA-$Na_2$ 0.72g,用蒸馏水溶解后,定容至 200ml,即配成 89mmol/L Tris,89mmol/L 硼酸,2mmol/L EDTA (pH8.3)(5×)的缓冲液,简称 TBE 缓冲液(5×)。使用时,用蒸馏水稀释 10 倍,称为 TBE 稀释缓冲液(0.5×TBE)。

(4) 酶反应终止液(10×):两种反应终止液可供选择。①0.1mol/L EDTA-$Na_2$,20% Ficoll (聚蔗糖)400,适量金橙 G (Orange G);②0.25%溴酚蓝,0.25%二甲苯青 FF(或称二甲苯蓝),40%蔗糖水溶液($m/V$)(或用 30%甘油水溶液)。

(5) 菲啶溴红染色液:将菲啶溴红(溴化乙锭)溶于蒸馏水或电泳缓冲液使最终浓度达到 0.5~1mg/ml。避光保存。临用前,用电泳缓冲液稀释 1000 倍。

**2. 器材**

电泳仪;电泳槽;样品槽模板(梳子);铁文具夹;水平仪;玻璃板(10cm×16cm);橡皮膏;玻璃纸;锥形瓶(100ml);放大机;白糖瓷盘(小号);乳胶手套;紫外灯或凝胶成像系统;恒温水浴锅;移液器等。

【操作步骤】

**1. 质粒 DNA 的酶解**

将上一实验纯化的并经真空干燥的自制的 pBR322 质粒加 20μl TE 缓冲液(内含新加入的 RNaseA),使 DNA 完全溶解。

将清洁、干燥、灭菌的具塞离心小管编号,用微量加样器按表 29-3 所示将各种试剂分别加入到每个小管内。加样时,要精神集中,严格操作,反复核对,做到准确无误。加样时不仅要防止错加或漏加的现象,而且还要保持公用试剂的纯净。应该指出,该项操作环节是整个实验的关键之一。

**表 29-3　DNA 酶解加样表**

| 试剂 | | 试管编号 | | | | | | |
|---|---|---|---|---|---|---|---|---|
| | | 1 | 2 | 3 | 4 | 5 | 6 | 7 |
| 样品 | λDNA/μg | — | — | — | 1 | — | — | — |
| | pBR322/μg | — | — | 0.5 | — | 0.5 | — | — |
| | 自提质粒/μl | 10 | 10 | 10 | — | — | 10 | 10 |
| 限制酶 | *Eco*RⅠ/μl | — | 4 | — | 4 | 4 | 4 | — |

续表

| 试 剂 | 试管编号 | | | | | | |
|---|---|---|---|---|---|---|---|
| | 1 | 2 | 3 | 4 | 5 | 6 | 7 |
| 酶解缓冲液 *Eco*R Ⅰ (10×)/μl | 2 | 2 | 2 | 2 | 2 | 2 | 2 |
| 水 | 无菌双蒸水补足,使每管的总体积达到 20μl | | | | | | |

注:表中所给的量,只是参考数,根据每次实际情况应有所变动。

加样后,小心混匀,置于 37℃水浴中,酶解 2~3h(有时可以过夜),然后向每个小管中分别加入 1/10 体积的酶反应终止液,混匀以停止酶反应。各酶解样品于冰箱中储存备用。

**2. 琼脂糖凝胶电泳**

琼脂糖凝胶电泳参照实验 9。

**3. 测定 DNA 分子质量的标准曲线的制作**

标准曲线的制作是在放大的电泳照片上,用卡尺量 λDNA 的 *Eco*R Ⅰ 或 *Hin*d Ⅲ 酶解各片段的迁移距离,以 cm 为单位(图 29-2)。根据表 29-1 和表 29-2,将 DNA 酶解各片段的分子质量的对数作为纵坐标,它们的迁移距离为横坐标,在坐标纸上绘制出连接各点的曲线,即为测定 DNA 分子质量的标准曲线(图 29-3)。根据 DNA 片段的迁移率查标准曲线,可得出 DNA 片段相对分子质量的大小(DNA 相对分子质量以核苷酸对表示)。

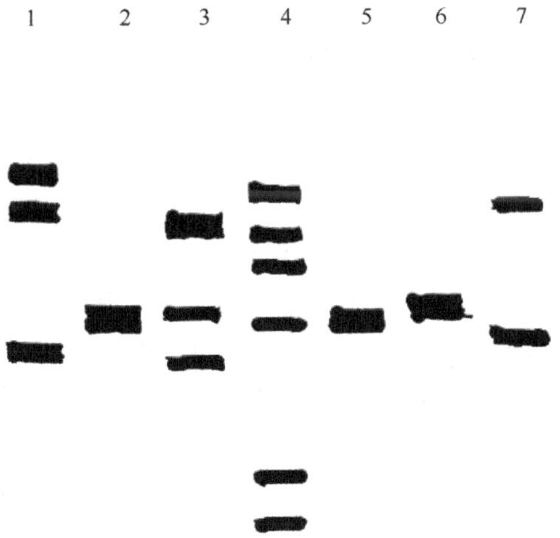


图 29-2 DNA 酶解后的电泳图谱示意图

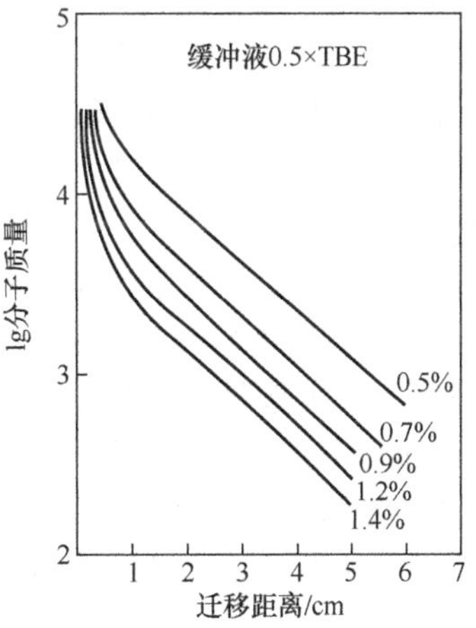


图 29-3 迁移距离对核苷酸对的半对数图

【思考题】

1. 乙酸钾的作用是什么?
2. 如果酶解时间小于 1h,会是什么结果?

# 实验30

# 大肠杆菌感受态细胞的制备

【实验目的】

熟悉感受态细胞制备原理；掌握大肠杆菌感受态细胞制备的方法。

【实验原理】

在自然条件下，很多质粒都可通过细菌接合作用转移到新的宿主内，但在人工构建的质粒载体中，一般缺乏此种转移所必需的基因，因此不能自行完成从一个细胞到另一个细胞的接合转移。如需将质粒载体转移进受体细菌，需诱导受体细菌产生一种短暂的感受态以摄取外源DNA。经一定的理化方法诱导后，处于适于摄取和容纳外源 DNA 的细胞，称为感受态细胞。目前，制备感受态细胞已成为基因操作的常规技术。感受态细胞可以是原核细胞也可以是真核细胞。其细胞的通透性在制备过程中增强使其易于接受外源基因，另外，细胞本身应为修饰、限制酶缺陷的菌株，使外源 DNA 分子不易被切除或破坏。制备感受态细胞可以使用电击法或化学法。电击法是利用瞬时高压电流处理细胞悬浮液，使细胞膜发生去极化，产生微孔，悬液中的核酸就可通过微孔进入细胞。电击转化需要仪器帮助，化学法则更加简便，尤其适用于原核细胞感受态制备。

实验室中常用大肠杆菌细胞进行感受态制备，制备方法主要有 $CaCl_2$法和 RuCl 法，其中RuCl 法制备的感受态转化效率较高，但是相对来说，$CaCl_2$法更为简单快捷，价格低廉，转化效率也可满足一般实验要求。其原理是细胞在低温，低渗 $CaCl_2$(0.1mol/L)作用下，会发生膨胀，$Ca^{2+}$使细胞膜磷脂双分子层形成液晶结构，促使细胞外膜与内膜间隙中的部分核酸酶解离开来，诱导细胞成为感受态细胞。转化时混合物中的 DNA 形成抗 DNA 酶的羟基-钙磷酸复合物黏附于细胞表面，通过热刺激，液晶态细胞膜表面产生裂隙，使外源 DNA 进入细胞。

【试剂和器材】

**1. 试剂**

(1) 0.1mol/L $CaCl_2$溶液：称取 1.111g 无水 $CaCl_2$ 加蒸馏水并定容至 100ml，高温灭菌。

(2) LB 培养基：称取 10g 胰蛋白胨(tryptone)，5g 酵母提取物(yeast extract)，5g 氯化钠，用蒸馏水定容至 1000ml，高温灭菌。固体 LB 培养基需另外加入 1.5%的琼脂。

(3) 30%甘油：30ml 甘油溶于 100ml 蒸馏水，高压灭菌。

**2. 器材**

超净工作台；冷冻离心机；恒温摇床；－70℃冰箱；5ml 移液管；制冰机；滤纸；试管；培养

皿；吸耳球；200μl 移液枪（配套枪头）；1.5ml 离心管；分光光度计等。

**3. 实验材料**

大肠杆菌 DH5α。

【操作步骤】

**1. 细菌接种与培养**

取－70℃冰冻保存的大肠杆菌 DH5α 菌种，用划线法接种细菌于 LB 固体培养基上，做好标记，于 37℃培养过夜。第二天，从平板上挑取单个菌落，接种至含有 3ml LB 液体培养基的试管中，37℃振荡培养过夜。次日取菌液 30μl 接种至含有 3ml LB 液体培养基的试管中，37℃剧烈振荡培养 2～3h（200～300r/min）。

**2. 菌体收集**

当菌液 $A_{600nm}$ 值达到 0.3～0.4 时，将试管取出放置冰上 10～15min。在无菌条件下，取 1ml 菌液装入 1.5ml 离心管中。4℃ 4000r/min 离心 10min。弃上清，将管倒置于干滤纸上 1min，吸干残留的培养液。

**3. 制备感受态**

(1) 加 200μl 冰预冷的 0.1mol/L $CaCl_2$ 到离心管中，振荡混匀，使菌体悬浮，冰浴 30min。

(2) 4℃ 4000r/min 离心 10min，弃上清，将管倒置于干滤纸上，吸干残留液体。

(3) 加 100μl 冰预冷的 0.1mol/L 的 $CaCl_2$，重悬浮菌体，放至 4℃保存备用，24～48h 内使用效果较好。如果暂时不用，可加入等体积的 30%的甘油（甘油终浓度为 15%），混匀。液氮速冻后保存于－80℃低温冰箱中待用，可保存半年以上。

【注意事项】

(1) 细胞的生长状态和密度。最好从－70℃或－20℃甘油保存的菌种中直接转接用于制备感受态细胞的菌液。不要用已多次转接或储存在 4℃的培养菌液。应用对数期或对数生长前期的细菌，可通过测定培养液 $A_{600nm}$ 控制。DH5α 菌株的 $A_{600nm}$ 为 0.5 时，细胞密度在 $5 \times 10^7$ 个/ml 左右，过高或不足均会使转化率下降。

(2) 防止污染。整个操作过程均应在无菌条件下进行，所用器皿，如离心管，移液枪头等需要经高压灭菌处理。所有的试剂都要灭菌，并注意防止被其他试剂、DNA 酶或杂 DNA 所污染，否则会影响转化的效率或是转入杂 DNA。

【思考题】

感受态细胞的用途是什么？

# 实验31

# 小牛胸腺DNA的制备

【实验目的】

了解DNA的存在状态,增加感性认识;掌握DNA的制备方法及细胞分离,细胞核制备,细胞膜裂解和解离DNA-蛋白质复合体(DNP)的技术;学习用紫外分光光度计测定DNA含量的方法。

【实验原理】

核酸是重要的生物大分子。在细胞核内,核酸通常是与某些组织蛋白质结合成复合物,即以脱氧核糖核蛋白(DNP)和核糖核蛋白(RNP)的形式存在。因此,在提取和制备DNA时,首先必须设法将这两类核蛋白分开。

在不同浓度的盐溶液中,RNP与DNP的溶解度有很大的差别。在低浓度的NaCl溶液中,DNP的溶解度随着NaCl浓度的增加而逐渐下降,当NaCl浓度为0.14mol/L时,DNP的溶解度仅为其在纯水中溶解度的1%,而当NaCl浓度继续增加时,DNP的溶解度又逐渐增大,当NaCl浓度增至0.5mol/L时,DNP的溶解度约与其在纯水中的溶解度近似,当NaCl浓度继续增加至1.0mol/L时,DNP的溶解度约为其在纯水中的溶解度的2倍,且随着盐浓度的上升,其溶解度仍继续呈增大的趋势。但RNP则与之不同,在0.14mol/L的盐溶液中,DNP溶解度很低,而RNP的溶解度却相当大。因此,通常采用0.14mol/L的盐溶液来除去RNP,使DNP仍保持在沉淀中,然后使用浓盐溶液(1.7mol/L浓度以上的NaCl)来提取DNP。

提取出DNA-蛋白质复合体(DNP)后,还必须将其中的蛋白质除去,因此,提取纯化DNA要经过以下4个步骤:①制备细胞核;②裂解细胞核;③解离DNA-蛋白质复合体;④从可溶性物质中分离出DNA。

小牛胸腺、猪脾、鱼精子和植物种子的胚胎等生物材料,细胞核含量比例大,因而含有丰富的DNA,是提取DNA的好材料。本实验以小牛胸腺或猪脾为材料。小牛胸腺不仅DNA含量高,而且其脱氧核糖核酸酶(DNase)的活性较低,在制备过程中由此酶所引起的DNA降解损失也较小。为了防止DNase的作用,在用于提取的缓冲液中均含有1mmol/L的EDTA(乙二胺四乙酸)螯合剂,以除去保持DNase活性所必需的$Mg^{2+}$。为防止DNA的变性和降解,操作要尽可能在低温下进行。

本实验通过匀浆、离心得到细胞核组分,然后用SDS(十二烷基硫酸钠,sodium dodecyl sulfate)裂解核膜,释放出DNA-蛋白质复合物,再加入高浓度NaCl,以增加DNP的溶解度,然后加入氯仿/异戊醇混合液,振荡、乳化,使蛋白质变性,DNP复合物解离,离心后,DNA溶于上层水相，蛋白质沉淀夹在水相和有机相之间得以除去，最后用有机溶剂沉淀出 DNA。

提取纯化后的小牛胸腺 DNA 用紫外分光光度法进行鉴定分析，并计算其收率和纯度。

本实验所得的 DNA 样品将用于实验 32 的 $T_m$ 测定。

【试剂和仪器】

**1. 试剂**

(1) A 溶液：0.01mol/L 柠檬酸钠，9mg/ml NaCl，1mmol/L EDTA(pH7.0)，300ml。

(2) B 溶液：0.15mol/L 柠檬酸钠，1mmol/L EDTA(pH7.0)，300ml。

(3) 20% SDS：在 90ml 水中溶解 20g SDS，加热至 68℃助溶，冷却后加水定容至 100ml，即得。

(4) 氯仿/异戊醇(24∶1)混合液 500ml。

(5) 95% 乙醇和无水乙醇。

(6) 丙酮。

(7) 0.1mol/L NaOH：称取 0.4g NaOH 溶解于蒸馏水并定容至 100ml。

(8) 0.5mol/L NaCl：称取 2.92g NaCl 溶于蒸馏水并定容至 100ml。

**2. 器材**

高速冷冻离心机；50ml 塑料离心管；300ml 塑料离心管；天平；食品加工机和高速分散器(或组织匀浆器)；恒温水浴锅；磁力搅拌器；量筒 50ml、250ml、500ml；烧杯 100ml、500ml、1000ml；250ml 具塞三角瓶；小培养皿；吹风机；紫外分光光度计；容量瓶；制冰机等。

**3. 实验材料**

小牛胸腺(或猪脾)。

【操作步骤】

**1. 制备细胞核**

(1) 取小牛胸腺(或猪脾)在冰块上去除脂肪和结缔组织，切碎，称取 10g，放入食品加工机(或匀浆器)，加入预冷的 A 溶液 60ml，打碎 3 次，每次 20s，停 20s。将打碎后溶液倒入小烧杯，用高速分散器(或用振荡器)匀浆 3 次，每次 20s，停 20s。

(2) 将匀浆后溶液分装于两个 50ml 离心管，仔细平衡后，用高速冷冻离心机，4℃ 10 000r/min离心 10min，弃去上清(脂肪层等)留沉淀。

(3) 将沉淀置于小烧杯，加 50ml 预冷 A 溶液，用高速分散器(或用振荡器)同样再匀浆分散 3 次，同样 4℃ 10 000r/min 离心 10min，弃去上清留沉淀。

(4) 取出沉淀加 60ml 预冷 B 溶液，再高速分散 2 或 3 次，每次分散 10s，停 10s。

**2. 裂解细胞核**

将悬浮液移入 250ml 烧杯中，在磁力搅拌器上边搅拌边滴入 8ml 20% SDS，应观察到溶液明显变黏稠。用 55℃水浴温热 10～15min，然后在搅拌下缓慢加入 8～10g NaCl，再搅拌 10min，使 NaCl 全溶，此时应观察到溶液变稀。冷却至室温。

**3. 解离DNA-蛋白质复合体**

(1) 将溶液倒入250ml具塞三角瓶中，加入此溶液1/2体积的氯仿/异戊醇(氯仿用于变性蛋白质，异戊醇用于消除泡沫，也可用异丙醇、异丁醇)，剧烈振荡10min，倒入300ml离心管中，4℃ 10 000r/min离心5～10min，用滴管取出上层水相，中层蛋白质界面弃去，下层有机相倒入回收瓶。

(2) 取出的上层水相再加氯仿/异戊醇，振荡、离心，至中层界面无混浊为止。

**4. 提取DNA**

(1) 将取出的水相滴入预冷的95%乙醇中，边滴加边用玻璃棒搅拌起白色纤维状DNA沉淀。搅拌速度对产率有影响，若产出减少可补加或换新乙醇。

(2) 搅起的DNA置于已称重的小培养皿内，依次用95%乙醇和无水乙醇清洗纤维状DNA沉淀至无混浊为止，最后再用丙酮清洗一次，用吹风机将DNA吹干。

(3) 称重，并计算产率。

**5. 测定DNA**

(1) 准确称取50～100mg DNA，加少量0.1mol/L NaOH溶解，加蒸馏水定容至50ml。

(2) 用紫外分光光度计测定制备的DNA在$A_{260nm}$和$A_{280nm}$的吸光度，并计算比值：$A_{260nm}/A_{280nm}$，纯DNA的此比值约为1.8。

(3) 根据每毫升1μg的纯DNA的$A_{260nm}$值=0.020，计算所得DNA的纯度。

【思考题】

1. 细胞核的悬浮液在加入SDS溶液后为什么会变稠？而再加入NaCl后为什么又变稀？
2. 造成所提取的DNA纯度较低的原因有哪些？如何解决？

# 实验 32 小牛胸腺 DNA 熔解温度的测量

【实验目的】

了解 DNA 的变性性质及其熔解温度的意义和用途；掌握测量熔解温度的方法。

【实验原理】

当 DNA 暴露在变性环境(加热，有机溶液等)中时，其紫外吸收曲线就会显著改变。如图 32-1所示，从 25℃加热至 40℃，光吸收值变化很小，但是当温度继续上升时，紫外吸收急剧增加，然后趋向一个恒定的 $A_{260nm}$值，这条曲线叫做 DNA 的熔解曲线，曲线中光吸收值增加的中点所对应的温度，定义为熔解温度($T_m$)。大多数 DNA 的熔解温度都为 80～90℃，光吸收通常增加 40%。DNA 分子中 GC 碱基对的含量越高，其双螺旋结构就越稳定，$T_m$也就越高；DNA 样品中的杂质越多，光吸收值的增加也就越小。每种 DNA 分子都有其特有的 $T_m$，可以用于 DNA 的鉴定与特征分析。

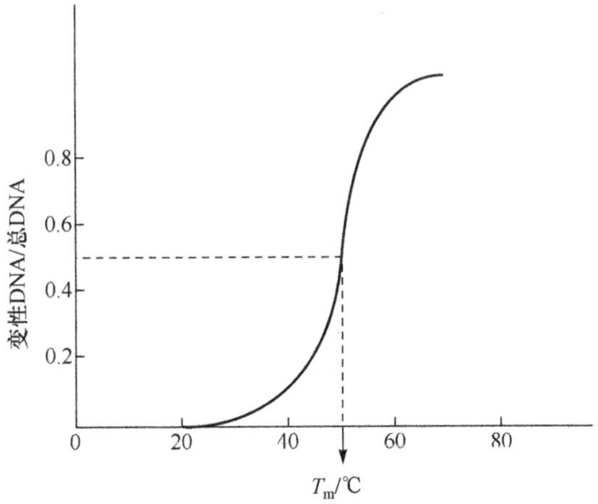


图 32-1　DNA 的 $T_m$ 值

本实验将采用热变性的方法测量小牛胸腺 DNA 的熔解温度，有两种方法可供选择。

方法一：需要一台带有超级恒温水浴和恒温样品池架的分光光度计，其温度为 25～100℃可调，要使用高沸点溶剂(如乙二醇)作为循环液体。把装有 DNA 标准溶液的石英比色杯放入分光光度计的恒温样品池架中，按不同的温度间隔升高温度，平衡后，测量其 260nm 处的紫外吸收值($A_{260nm}$)。要考虑到在加热过程中，水体积增加会使 DNA 浓度降低。

方法二：取一支装有 DNA 溶液的试管，测量其 25℃时的 $A_{260nm}$。然后将几个装有同样

DNA 溶液的试管在不同温度的恒温水浴中加热。15min 后迅速将试管放在冰浴中冷却，然后迅速测量其 $A_{260nm}$。这种方法的主要缺点是变性 DNA 冷却后引起 DNA 双链的部分再结合，所以 $A_{260nm}$ 的增加一般只有 10%～20%。

【试剂和器材】

**1. 试剂**

(1) 缓冲液：0.015mol/L 柠檬酸钠，0.15mol/L NaCl 溶液。

(2) DNA 溶液：用实验 31 所得小牛胸腺 DNA 和缓冲液，配制 $A_{260nm}$ 为 0.4 左右的 DNA 标准溶液。溶解此 DNA 需较长时间的搅拌。

(3) 75%乙醇：量取 75ml 无水乙醇用蒸馏水定容至 100ml 即得。

(4) 3mol/L 乙酸钠：称取 24.609g 无水乙酸钠加蒸馏水溶解定容至 100ml。

(5) 0.5×TE(含 RNAase)缓冲液。

A 液：1mol/L Tris-HCl 缓冲液(pH8.0)50ml 配制。称取 Tris 碱 6.06g，加入无菌水 40ml 溶解，滴加浓 HCl 约 2.1ml 调 pH 至 8.0，定容至 50ml。

B 液：0.5mol/L EDTA(pH8.0)50ml 的配制。称取 EDTA-$Na_2$·$2H_2O$ 9.306g，加无菌水 35ml，剧烈搅拌，用约 1g NaOH 颗粒调 pH 至 8.0，定容至 50ml。EDTA 二钠盐需加入 NaOH 将 pH 调至接近 8.0 时，才会溶解。将 A 液 1ml 和 B 液 0.2ml 混合，加无菌水定容至 200ml，即得 0.5×TE 缓冲液。

(6) 含 RNaseA 的 TE 缓冲液：TE 缓冲液含 20μg/ml RNaseA。

**2. 器材**

紫外分光光度计；超级恒温水浴；普通恒温水浴；石英比色杯(带盖)；冰浴桶；试管。

【操作步骤】

**1. 用超级恒温水浴测量 $T_m$**

打开分光光度计，预热 20min，将超级恒温水浴的温度设为 25℃，以测量起始的光吸收，将装有柠檬酸钠缓冲液的参照比色杯和装有标准 DNA 溶液的样品比色杯放入分光光度计的样品池架中的相应位置。放置 3min，使比色杯内外的温度达到平衡，将此时的参照杯 $A_{260nm}$ 调为零，记下此时的 DNA 样品的 $A_{260nm}$，这个测量要十分小心，因为所有测量值都要与 25℃的这个值进行比较。然后，将温度升至 50℃，取出比色杯，轻叩杯壁以去除内壁上的气泡。将比色杯放回样品池架，测量后继续加热至 80℃，平衡 5min 后，记下其 $A_{260nm}$；再升高 2℃，平衡 5min 后记下其 $A_{260nm}$，重复此操作步骤至 $A_{260nm}$ 达到恒定值。可以注意到在一个 5～10℃的温度范围内，$A_{260nm}$ 有一个较大幅度的增加。根据不同温度下水的体积变化对不同温度下的 $A_{260nm}$(即 $A_{260nm,T}$)进行补偿后，以 $A_{260nm,T}/A_{260nm,25℃}$ 作纵坐标，$T$ 作横坐标，画出小牛胸腺 DNA 的熔解曲线，并求出 $T_m$。

**2. 用普通恒温水浴的方法测量 $T_m$**

将恒温水浴的温度分别设为 50℃、70℃、80℃、82℃、84℃、86℃、88℃、90℃、92℃、94℃、96℃、98℃和 100℃，往 15 支试管中各加入标准 DNA 溶液 3ml，盖上橡皮塞或包上塑料薄膜。

100℃水浴锅中放两支，其余 12 个恒温浴中各放一支。剩下一支室温放置，并测量其 $A_{260nm}$，即为基准值 $A_{260nm,25℃}$。将 100℃水浴锅中的一支试管，连同水浴锅一起在室温下缓慢冷却至室温，放置 1h 后再测其 $A_{260nm}$。其余试管均温浴 15min 后，取出迅速放入冰水中，冷却 10min 以上，由冰水中取出就立即测量 $A_{260nm}$，即为各 $A_{260nm,T}$。

紫外分光光度计要提前打开，调好零点，做好准备。用溶解 DNA 的缓冲液作参比。

测完后，以 $A_{260nm,T}/A_{260nm,25℃}$ 为纵坐标，$T$ 为横坐标作图（去除 100℃加热，室温下缓慢冷却的点），求出小牛胸腺 DNA 的 $T_m$（取曲线上直线部分延长线的交点之间的中点求出 $T_m$）。

## 【思考题】

1. DNA 变性后，为什么会产生增色效应？

2. 预测并解释下列条件对天然 DNA 的 $T_m$ 的影响：

(1) pH12 的缓冲液；

(2) 蒸馏水；

(3) 50%甲醇；

(4) 1% SDS，0.15mol/L NaCl，0.015mol/L 柠檬酸钠(pH 7.0)。

3. 根据 GC 碱基对含量为 2.4%时 $T_m$=69.3，计算小牛胸腺 DNA 的 GC 碱基对的含量，并解释为什么 GC 碱基对的含量与 $T_m$ 呈正比关系。

4. 100℃温浴 15min 后，迅速冷却与缓慢冷却的 DNA 溶液的 $A_{260nm}$ 有什么不同？为什么？

# 实验33 植物基因组提取(CTAB法)

【实验目的】

掌握植物总DNA的抽提方法和基本原理;学习根据不同的植物和实验要求设计和改良植物总DNA抽提方法。

【实验原理】

通常采用机械研磨的方法破碎植物的组织和细胞,由于植物细胞匀浆含有多种酶类(尤其是氧化酶类)会对DNA的抽提产生不利的影响,在抽提缓冲液中需加入抗氧化剂或强还原剂(如巯基乙醇)以降低这些酶类的活性。在液氮中研磨,材料易于破碎,要减少研磨过程中各种酶类的作用。

十二烷基肌酸钠(sodium lauroyl sarcosine,SLS)、十六烷基三甲基溴化铵(hexadecyl trimethyl ammonium bromide,CTAB)、十二烷基硫酸钠(sodium dodecyl sulfate,SDS)等离子型表面活性剂,能溶解细胞膜和核膜蛋白,使核蛋白解聚,从而使DNA得以游离出来。再加入苯酚和氯仿等有机溶剂,能使蛋白质变性,并使抽提液分相,因核酸(DNA、RNA)水溶性很强,经离心后即可从抽提液中除去细胞碎片和大部分蛋白质。上清液中加入无水乙醇使DNA沉淀,沉淀DNA溶于TE溶液中,即得植物总DNA溶液。

【试剂和器材】

**1. 试剂**

(1) 2% CTAB抽提缓冲溶液:称取4g CTAB、16.364g NaCl,先用70ml重蒸馏水溶解,再加入1mol/L Tris-HCl 20ml (pH8.0),0.5mol/L EDTA 8ml,再定容至200ml灭菌,冷却后加入0.2%~1% $\beta$-巯基乙醇(400$\mu$l)。

(2) 氯仿/异戊醇(24∶1):先加96ml氯仿,再加4ml异戊醇,摇匀即可。

(3) 异丙醇。

(4) 75%乙醇。

(5) 5mol/L乙酸钠。

(6) 0.5×TE(含RNase)缓冲液。

(7) 液氮。

(8) 琼脂糖电泳试剂见实验9。

**2. 器材**

研钵;离心机;恒温箱或水浴锅;纸巾;移液器;1.5ml灭菌离心管;灭菌锅;核酸电泳仪和

电泳槽;紫外分光光度计;凝胶成像系统。

**3. 实验材料**

水稻和小麦幼叶、萝卜子叶。

【操作步骤】

**1. DNA 的提取**

(1) 2%CTAB 抽提缓冲液在 65℃水浴中预热。

(2) 取少量叶片(约 1g)置于研钵中,用液氮磨至粉状。

(3) 加入 700μl 的 2% CTAB 抽提缓冲液,轻轻搅动。

(4) 将磨碎液倒入 1.5ml 的灭菌离心管中,磨碎液的高度约占管的 2/3。

(5) 置于 65℃的水浴槽或恒温箱中,每隔 10min 轻轻摇动,40min 后取出。

(6) 冷却 2min 后,加入氯仿/异戊醇(24∶1)至满管,剧烈振荡 2~3min,使两者混合均匀。

(7) 放入离心机中 10 000r/min 离心 10min。用移液器轻轻地吸取上清液,转入一新的离心管内,加入 0.1 倍体积 3mol/L 乙酸钠和 0.8 倍体积的异丙醇,将离心管慢慢上下摇动 30s,至能见到 DNA 絮状物。

(8) 10 000r/min 离心 5min 后,立即倒掉液体,注意勿将白色 DNA 沉淀倒出,将离心管倒立于铺开的纸巾上。

(9) 60s 后,直立离心管,加入 800μl 的 75%乙醇,轻轻转动,用手指弹管尖,使沉淀与管底的 DNA 块状物浮游于液体中。

(10) 放置 30min,使 DNA 块状物的不纯物溶解。

(11) 10 000r/min 离心 1min 后,倒掉液体,再加入 800μl 75%的乙醇,将 DNA 再洗 30min。

(12) 10 000r/min 离心 30s 后,立即倒掉液体,将离心管倒立于铺开的纸巾上;数分钟后,直立离心管,干燥 DNA(自然风干或用风筒吹干)。

(13) 加入 50μl 0.5×TE(含 RNase)缓冲液,使 DNA 溶解,置于 37℃恒温箱约 15h,消化 RNA。

(14) 置于−20℃保存,备用。

**2. DNA 质量检测**

琼脂糖电泳检测,原理和方法见实验 9。

【注意事项】

(1) 叶片磨得越细越好。

(2) 移液器的使用应正确。

(3) 由于植物细胞中含有大量的 DNA 酶,因此,除在抽提液中加入 EDTA 抑制酶的活性外,DNA 提取操作应迅速,以免组织解冻,导致细胞裂解,释放出 DNA 酶,使 DNA 降解。

【思考题】

为什么要预热 CTAB 抽提缓冲液?

# 实验34

# 萝卜过氧化物酶基因 *rsprx1* 的扩增

【实验目的】

学习并掌握PCR扩增技术的原理和基本操作。

【实验原理】

聚合酶链反应(polymerase chain reaction,PCR)是20世纪80年代发展起来的一种体外酶促扩增特定DNA片段的技术。由高温变性、低温复性和适温延伸3步反应组成一个周期,多次循环反应,使目的DNA得以迅速扩增。其基本原理是单链DNA模板在一小段互补寡聚核苷酸引物的引导下,利用DNA聚合酶的酶促反应按5′→3′方向复制出互补DNA。PCR反应的主要步骤:将待扩增的DNA片段于高温下变性解链,得到两条单链模板;降温复性使人工合成的寡聚核苷酸引物分别与单链模板DNA一侧互补结合;适温条件下,DNA聚合酶从引物的3′端开始结合单核苷酸,沿模板5′→3′方向延伸,形成与模板链互补的新DNA链;重复循环反应,使产物DNA重复合成。在循环反应过程中,由于每一次循环的产物DNA都可作为下一次循环的模板参与DNA的合成,使产物DNA的量接近$2^n$方式扩增。

常规PCR反应的循环数为25～35,变性温度为90～95℃,复性温度为37～65℃,延伸温度为72℃,DNA聚合酶为*Taq*酶等耐热性酶。*Taq*酶在95℃左右的高温下不会失活,DNA扩增倍数为$10^6$～$10^9$。PCR能快速、灵敏、特异地扩增目的基因或DNA片段,成为分子生物学和基因工程的有效手段,可用于基因的分离、克隆、核苷酸序列分析、基因表达调控的研究、遗传病和传染病的诊断、致病机制的探索和法医鉴定等诸多方面。

【试剂和器材】

**1. 试剂**

(1) 10×缓冲液:一般随*Taq*酶提供给用户。如需配制,按如下配方进行:

500mmol/L KCl

100mmol/L Tris-HCl(pH8.3)

15mmol/L $MgCl_2$

0.01%明胶(*m*/*V*)

1% Triton X-100

(2) dNTP:将10mmol/L dATP,10mmol/L dTTP,10mmol/L dCTP,10mmol/L dGTP

等体积混合。

(3) *Taq* 酶:5U/μl。

(4) 两种引物用重蒸水配成 10～50μmol,扩增时用量为 1～2μl/100μl 反应体积。

(5) 石蜡油。

(6) 萝卜过氧化物酶基因 *rsprx1* 特异引物:

上游引物 5′-ttt tgc tgc ggt tgg tct-3′

下游引物 5′-cac ctg gag tca cag ggt cg-3′

(7) 模板 DNA(约 0.1μg/μl)。

(8) 25mmol/L $MgCl_2$。

**2. 器材**

PCR 扩增仪;0.5ml 或 0.2ml 离心管;移液枪;枪头;离心机;制冰机。

## 【操作步骤】

**1. 配制 PCR 的反应体系**

按下列顺序,将各种成分加入一无菌的 0.5ml 或 0.2ml 离心管:

| | |
|---|---|
| 10×缓冲液 | 2.0μl |
| 上游引物(F) | 0.8μl |
| 下游引物(R) | 0.8μl |
| 2.5mmol/L dNTP | 0.4μl |
| 25mmol/L $MgCl_2$ | 1.6μl |
| 模板 DNA | 2.0μl(0.2μg) |
| *Taq* DNA 聚合酶 | 0.2μl |

加重蒸去离子水至 20μl(包括 *Taq* 酶体积)。

用手指轻弹离心管底部,混匀溶液,在台式离心机中离心 2s 以集中溶液于管底,加石蜡油 30～50μl 封住溶液表面以免加温过程中液体蒸发而影响反应体积(如果使用热盖 PCR 仪则不用石蜡油)。

**2. 设置 PCR 反应的过程及条件**

| | | | |
|---|---|---|---|
| 预变性 | 94℃ | 5min | |
| 变性 | 94℃ | 30s | 25 个循环 |
| 复性 | 54℃ | 30s | |
| 延伸 | 72℃ | 1min | |
| 最后一次延伸 | 72℃ | 7min | |
| 保存 | 4℃ | | |

取出反应管置于 4℃,做琼脂糖凝胶电泳分析等备用。

## 【思考题】

1. PCR 反应的原理如何?
2. 影响 PCR 反应的因素有哪些?

# 实验35 实时荧光定量 PCR

【实验目的】

熟悉实时荧光定量 PCR 的原理；了解基本操作过程。

【实验原理】

实时荧光定量 PCR 也叫 real-time PCR (qRT-PCR)，该技术是在常规 PCR 反应中加入荧光标记探针或荧光染料，利用荧光信号在反应中的积累实时监测整个 PCR 进程，每经过一个循环收集一次荧光信号，最后通过标准曲线对未知模板进行定量分析。

根据加入发光基团的不同，荧光定量 PCR 可分为荧光探针和荧光染料法。荧光染料又包括饱和荧光染料和非饱和荧光染料。非饱和荧光染料的典型代表就是现在最常用的 SYBR Green Ⅰ；饱和荧光染料有 Eva Green、LC Green 等。

荧光扩增曲线能够描述 PCR 动态进程，曲线可分成三个阶段。①荧光背景信号阶段，在此阶段扩增的荧光信号被荧光背景信号所掩盖，无法判断产物量的变化。②荧光信号指数扩增阶段，PCR 产物量的对数值与起始模板量之间存在线性关系，可以选择在这个阶段进行定量分析。③平台期阶段，扩增产物已不再呈指数级的增加，PCR 的终产物量与起始模板量之间没有线性关系，根据最终的 PCR 产物量也不能计算出起始 DNA 拷贝数(图 35-1A)。

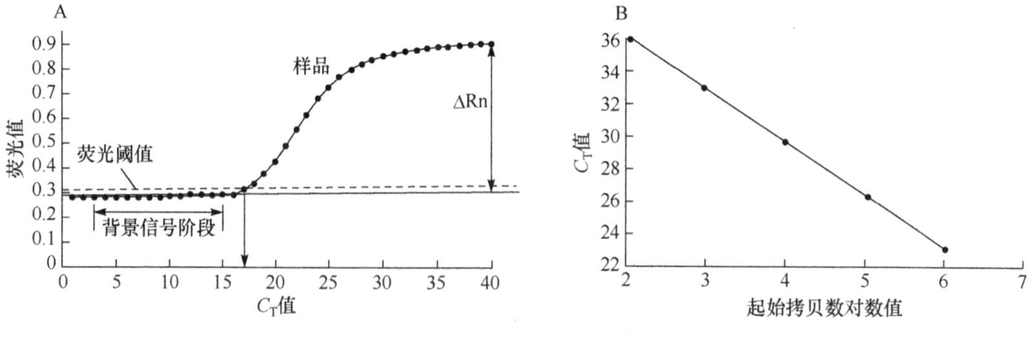


图 35-1　荧光扩增曲线

在荧光扩增曲线上人为设定的一个荧光域值(threshold)，一般荧光域值的缺省设置是 PCR 反应前 3～15 个循环荧光信号标准偏差的 10 倍。$C_T$ 值是指每个反应管内的荧光信号到达设定域值时所经历的循环数。每个模板的 $C_T$ 值与该模板的起始拷贝数的对数存在线性关系，起始拷贝数越多，$C_T$ 值则越小。利用已知起始拷贝数的标准品可作出标准曲线，其中横坐标代表起始拷贝数的对数，纵坐标代表 $C_T$ 值（图 35-1B）。因此，只要获得未知样品的 $C_T$ 值，即可从标准曲线上计算出该样品的起始拷贝数。利用标准品得到未知样品拷贝数的定量方法为绝对定量，即确定未知样本中某个核酸序列的绝对量值。相对定量是用于测定一个测试样本中目标核酸序列与校正样本中同一序列表达的相对变化，校正样本可以是一个未经处理的对照或者是在一个时程研究中处于零时的样本。本实验用相对定量的方法检测克氏原螯虾凝集素 1 基因（*PcLec1*）在被一种病原菌（鳗弧菌）刺激后不同时间段的表达模式。

## 【试剂和器材】

### 1. 试剂

（1）2×SYBR real-time PCR Premixture（含荧光染料，dNTP，DNA 聚合酶，缓冲液，$Mg^{2+}$ 及耐热性 RNaseH 等）。

（2）模板：克氏原螯虾在鳗弧菌刺激后 0h、2h、6h、12h 和 24h 的 cDNA 模板。

（3）引物：用重蒸水配成 1μmol/L。克氏原螯虾基因 *PcLec1* 与 18S rRNA 特异引物：

| | |
|---|---|
| *PcLec1* F | GCAACGACTACTCCCACATA |
| *PcLec1* R | CCAACCACCCAGTTCCAG |
| 18S rRNA F | ACCGATTGAATGATTTAGTGAG |
| 18S rRNA R | TACGGAAACCTTGTTACGAC |

### 2. 器材

荧光定量 PCR 扩增仪；一次性塑胶手套；八联管；移液枪；枪头；制冰机等。

## 【操作步骤】

### 1. 配制荧光定量 PCR 反应体系

以克氏原螯虾 cDNA 为模板，检测克氏原螯虾 *PcLec1* 在鳗弧菌刺激后不同时间段的表达模式，首先选用克氏原螯虾基因 *PcLec1* 为目标基因，18S rRNA 为内参，首先将两基因分别按照如下体系配制：

| | |
|---|---|
| SYBR Premixture Ex Taq (2×) | 10μl |
| ROX Preference DyeⅡ (50×) | 0.4μl |
| 上游引物 (1μmol/L) | 2μl |
| 下游引物 (1μmol/L) | 2μl |
| DNA 模板 | 1μl |
| 灭菌蒸馏水 | 4.6μl |
| 总体积 | 20μl |

以上操作时，所有试剂及 PCR 反应管均放在冰上。

### 2. 设置反应程序和条件

| | | | |
|---|---|---|---|
| 预变性 | 95℃ | 30s | |
| 变性 | 95℃ | 5s | 40 个循环 |
| 复性 | 60℃ | 35s | 40 个循环 |

溶解曲线：60～95℃，每0.5℃读数，绘制溶解曲线。

**3. 数据分析**

将所得 $C_T$ 值使用 $2^{-\Delta\Delta C_T}$ 法对数据进行相对定量分析。

$$\Delta\Delta C_T = (C_{T PcLec1} - C_{T 18S\ rRNA})_{time\ x} - (C_{T PcLec1} - C_{T 18S\ rRNA})_{time\ 0}$$

式中，time $x$ 表示任意时间点，time 0 表示 0 小时，即未经处理的参照组。

对于未经处理的参照样，$\Delta\Delta C_T=0$，而 $2^0=1$。因此根据定义，未处理样本的倍数变化为1。而对于那些经过处理的样本，相对于参考因子基因表达的倍数为 $2^{-\Delta\Delta C_T}$。

## 【注意事项】

(1) 引物最好用相关的软件来进行设计，考虑引物的自身回折、错配、引物二聚体、复性温度、产物变性温度、产物长度等问题。

(2) 实验操作过程必须戴一次性塑料手套，不要让手指接触到反应管的表面。

(3) 荧光染料须4℃避光保存，避免－20℃保存；配制 PCR 反应液时应在冰上进行，同时避免强光照射。

(4) 仪器操作时要注意开关仪器及软件的顺序。

## 【思考题】

影响荧光定量 PCR 结果准确性的因素有哪些？

# 实验36

## 酵母 RNA 的提取与组分鉴定

【实验目的】

了解核酸的组成；掌握鉴定核酸组分的方法和操作。

【实验原理】

由于 RNA 的来源和种类很多，因而提取制备方法也各异。一般有苯酚法、去污剂法和盐酸胍法，其中苯酚法又是实验室最常用的。

上述方法提取的 RNA 具有生物活性。工业上常用稀碱法、浓盐法、氨法和自溶法等，这几种方法所提取的核酸均为变性的 RNA，主要用做制备核苷酸的原料，其工艺比较简单，成本较低，适于大规模操作。稀碱法使用稀碱（本实验用 0.04mol/L NaOH 溶液）使酵母细胞裂解。

酵母和白地霉中核酸大部分是 RNA，而 DNA 的量很少。例如，酵母含 RNA 达 2.67%～10.0%，而 DNA 含量仅为 0.03%～0.516%，因此分离提取都很容易，产率也很高，是制备 RNA 的好材料。RNA 可溶于碱性溶液，在碱性提取液中加入酸性乙醇可以使从核蛋白中分离出来的核糖核酸沉淀出来，由此即可得到 RNA 的粗制品。核糖核酸含有核糖、嘌呤碱、嘧啶碱和磷酸等组分，加入硫酸煮沸可使其水解，从水解液中可以测出上述组分的存在。

（1）磷酸与定磷试剂作用可以生成蓝色的钼蓝。

（2）核糖与地衣酚试剂反应呈鲜绿色。脱氧核糖与二苯胺试剂反应生成蓝色化合物，而核糖无此反应。

（3）嘌呤碱与硝酸银反应能产生白色的嘌呤银化合物沉淀。

【试剂和器材】

**1. 试剂**

（1）0.04mol/L 的 NaOH：称取 0.16g NaOH 溶解于蒸馏水并定容至 100ml。

（2）酸性乙醇：将 0.3ml 浓盐酸加入 30ml 乙醇中。

（3）95%乙醇。

（4）乙醚。

（5）1.5mol/L $H_2SO_4$ 溶液：量取浓硫酸（质量分数 98%）8.152ml，加入到蒸馏水中并定容至 100ml。

（6）浓氨水。

(7) 0.1mol/L $AgNO_3$ 溶液：称取 1.699g 硝酸银用蒸馏水溶解并定容至 100ml，摇匀即可。

(8) 三氯化铁浓盐酸溶液：将 2ml 10%的三氯化铁溶液（用 $FeCl_3 \cdot 6H_2O$ 配制）加入到 400ml 浓盐酸中。

(9) 地衣酚乙醇溶液：溶解 6g 地衣酚于 100ml 95%的乙醇中（可在冰箱中保存一个月）。

(10) 定磷试剂。①1.5mol/L 的硫酸：将 17ml 浓硫酸缓慢加入 83ml 蒸馏水中。②2.5%钼酸铵溶液：2.5g 钼酸铵溶于 100ml 蒸馏水中。③10%的抗坏血酸：10g 抗坏血酸溶于 100ml 水中，在棕色瓶中保存。溶液呈淡黄色时可用，如呈深黄色或棕色则失效。临用时将上述三种溶液与水按如下比例混合：1.5mol/L 的硫酸∶2.5%钼酸铵溶液∶10%抗坏血酸溶液∶蒸馏水＝1∶1∶1∶2 ($V/V/V/V$)，配好后试剂应呈黄绿色或黄色，如呈棕黄色或深绿色或蓝色应弃去。

(11)酵母粉或鲜酵母。

**2. 器材**

研体；离心机和离心管；天平；沸水浴装置；大试管；三角烧瓶；吸量管；药匙；滤纸($\Phi$9cm)；漏斗；试管架及试管；玻璃棒；烧瓶；称量纸；布氏漏斗等。

【操作步骤】

将 1g 干酵母或 2g 鲜酵母和少许石英砂加到研钵中，再加入 2ml 0.04mol/L 的 NaOH 溶液，在研钵中充分研磨（此步是实验能否成功的关键）至少 10min，然后将匀浆液转移到大试管中，再用 8ml 0.04mol/L 的 NaOH 溶液分两次洗涤研钵，洗涤液并入匀浆液中。将大试管用试管夹夹好，小心在沸水浴中加热 30min，冷却后倒入离心管，平衡，3000r/min 离心 15min，将上清液小心倾入盛有 10ml 酸性乙醇溶液的小烧杯中，注意，一边搅拌一边缓缓倒入。待核糖核酸沉淀完全后，再平衡，3000r/min 离心 3min，弃去上清液，再用 95%乙醇 5ml 洗涤沉淀，离心（同上）两次即得 RNA 粗制品。如欲得到 RNA 粉末，可再用乙醚将沉淀转移到布氏漏斗中抽滤，沉淀可在空气中干燥。

将沉淀（本实验可不用乙醚洗涤干燥）转移到大试管中，加入 6ml 1.5mol/L 硫酸，然后转移到大试管中，在沸水浴中加热至少 10min（加热时间太短则以后的实验就会失败），制成水解液进行下列组分鉴定。

(1) 嘌呤碱：加入 1ml 0.1mol/L 的硝酸银溶液，再逐滴加入浓氨水至沉淀消失，然后加入 1ml 水解液放置片刻，观察有无白色嘌呤碱的银化合物沉淀。

(2) 核糖：取一支试管加入水解液 1ml，三氯化铁浓盐酸溶液 2ml 和地衣酚乙醇溶液 0.2ml，用试管夹夹好后放到沸水浴中 1～3min，注意观察溶液是否变成绿色，说明核糖的存在。

(3) 磷酸：取一支试管，加入水解液 1ml 和定磷试剂 1ml 在沸水浴中加热，注意观察溶液颜色的变化，溶液变蓝，说明磷酸存在。

【思考题】

1. 用酸水解 RNA 的产物是什么？为什么不检查嘧啶碱基？
2. 在提取 RNA 的过程中，为什么在沸水浴上加热 30min？RNA 会被破坏吗？

# 实验37

## 粗脂肪的定量测定

【实验目的】

学习和掌握粗脂肪提取的原理和测定方法;熟悉和掌握定量分析的基本操作,包括样品的处理、定量转移、烘干、恒重等。

【实验原理】

本法为质量法,用脂肪溶剂将脂肪提出后进行称量。该法适用于固体和液体样品。通常将一定量的样品浸于脂肪溶剂,如乙醚或沸点为30～60℃的石油醚,借助于索氏提取器进行循环抽提。脂肪被浸提后,待乙醚挥发后,将余下的残渣烘干后称重,两次质量之差即为样品中的脂肪含量。用本法提取的脂溶性物质为脂肪类物质的混合物,其中含有脂肪、游离脂肪酸、磷脂、酯、固醇、芳香油、某些色素及有机酸等,称为粗脂肪。用该法测定样品含油量时,通常采用沸点低于60℃的有机溶剂作为脂肪溶剂,此时,样品中结合状态的脂类(主要是脂蛋白)不能直接提取出来,所以该法又称游离脂类定量测定的方法。

【试剂和器材】

**1. 试剂**

(1) 石油醚(沸程60～90℃)或无水乙醚。
(2) 2%氢氧化钠乙醇溶液:称取2g氢氧化钠并用100ml无水乙醇溶解即可。

**2. 器材**

索氏提取器(50～100ml);干燥器;烧杯;电热恒温水浴锅;电热鼓风干燥箱;分析天平;提取纸斗(或脱脂滤纸);脱脂棉;镊子;药匙;铁台;万能夹;双顶丝;橡皮管;铁架子;瓷研钵等。

**3. 实验材料**

芝麻、花生种仁、油菜子、大豆、大豆粉、向日葵种仁等。

【操作步骤】

**1. 索氏脂肪提取器的安装**

索氏提取器共分三部分(图37-1):底部为一提取瓶,中部为带有虹吸管及连接管的提取

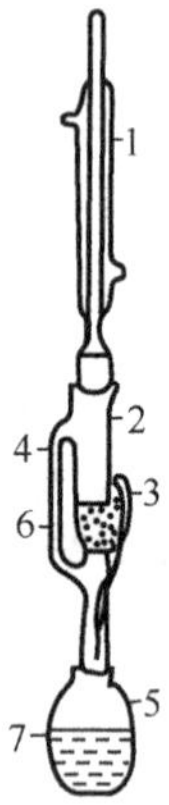

图 37-1　索氏提取器
1 为冷凝管；2 为提取管；3 为虹吸管；4 为连接管；5 为提取瓶；6 为样品；7 为石油醚

管，上部为一冷凝管。仪器的各部分均由磨口相连，操作时要小心，以免将仪器损坏。各接口要十分严密，不能漏气，以免有机溶剂逸出。但注意在磨口连接部分不能涂抹凡士林。实验前应先将提取瓶洗净，在 105℃烘箱内烘干至恒重，然后将提取器各部分连接好，固定于铁架上，提取瓶底部应浸入水浴锅中（约占其体积 1/3），冷凝管也与自来水连接好，全部装置如图 37-1 所示。

**2. 样品的准备**

称取样品的质量，根据材料中脂肪的含量而定（表 37-1）。通常脂肪含量在 10％以下的，称取样品 10～12g，而脂肪含量为 50％～60％，则称取样品 2～4g。

将样品在 105℃烘箱中烘去水分，一般烘 4h，烘干时要严格控制时间和温度，要避免过热。冷却后，准确地称取一定量的样品。

取 15cm×12cm 脱脂滤纸一张，绕成圆筒形，底部褶起而封闭，使其成为长 7cm、直径 3cm 的圆筒形提取纸斗，将称好的样品放入提取纸斗中，上部覆盖一层脱脂棉以防样品溢出。将纸斗放入索氏提取器的提取管内，注意勿使纸斗内样品高于提取管的虹吸部分。

**表 37-1　几种干的植物种子和种仁中油脂的含量**

| 样　品 | 含油量/％ | 样　品 | 含油量/％ |
|---|---|---|---|
| 向日葵种子 | 23.5～45.0 | 大豆种子 | 10.0～25.0 |
| 向日葵种仁 | 40.0～67.8 | 油桐种仁 | 47.8～68.9 |
| 蓖麻种子 | 45.1～58.5 | 玉米种子 | 3.9～9.0 |
| 蓖麻种仁 | 50.7～72.0 | 小麦种子 | 1.6～2.6 |
| 芝麻种子 | 46.2～61.0 | 大麦种子 | 1.7～4.6 |
| 油菜种子 | 41.1～42.9 | 水稻种子 | 1.3～2.4 |
| 花生种仁 | 40.2～60.7 | 豌豆种子 | 0.7～1.9 |
| 核桃种仁 | 60.0～74.0 | 棉花种子 | 17.2～28.3 |
| 菜豆种子 | 0.7～3.7 | 棉花种仁 | 31.5～44.5 |

样品若是液体，应将一定体积的样品滴在滤纸上，在 105℃烘箱内烘干后，再装入提取管中提取。

样品颗粒不宜太大，一般要在研钵中研磨破碎。研磨后的研钵，要用脱脂棉擦干净，并向此脱脂棉放入提取纸斗中一并提取。研钵再用少量溶剂洗净，清洗后倒入提取管中。

**3. 样品内脂肪的提取**

将提取瓶加入石油醚（沸程 30～60℃）达到提取瓶容积的一半。并向提取器中部放有提取纸斗的提取管中加入石油醚，约占提取管体积之 1/3（切勿超过虹吸管）以浸湿样品。然后将提取器各部分连接好。将自来水管拧开，使水从冷凝管的下口流入，经过上口流出。同时将水浴锅加热。实验所用的有机溶剂沸点低，易燃，故加热抽提时，应在电热恒温水浴中进行，也可使用灯泡或电炉加热的水浴锅，但不能用火焰加热的水浴锅，严禁用火焰直接加热索氏提取器，实验时不能离人，当人离开时，要停止加热，并要经常注意水浴温度，勿使水温过高。使提取瓶内的石油醚沸腾（夏天使水温保持在 50～60℃，冬天使水温保持在 60～70℃）。石油醚沸腾并形成蒸气，实验室门窗要打开，禁止吸烟及其他加热活动，以防止火灾。石油醚蒸气由连接管上升至冷凝器内，遇冷凝结成液体而滴入提取管中，此时样品内的脂肪则逐渐溶于石油醚中。当提取管内石油醚的体积渐渐增加，液面超过虹吸管高度后，溶有脂肪的石油醚经虹吸管流入提取瓶，如此循环抽提，调节水浴温度，使石油醚每小时循环 10～20 次。提取时间视样品性质而定，一般需 14～24h。若需检查样品含有的脂肪是否提取完全，可以用滤纸来粗略地判断。从提取管内吸取少量的石油醚，滴在干净的脱脂滤纸上，待石油醚挥发后，滤纸上不留油脂的斑点则表示已经提取完全。提取完毕后，再将石油醚蒸到提取管内，待石油醚液面达到虹吸管的最高处之前取下提取瓶。

**4. 称重和计算**

将提取瓶中的石油醚全部蒸干，洗净外壁，置于 105℃烘箱中干燥至恒重，再把瓶中脂肪倒出，洗净，烘干，并恒重。按下式计算样品的粗脂肪百分含量：

$$\text{粗脂肪}(\%)=\frac{\text{提取瓶及瓶中脂肪的质量(g)}-\text{提取瓶的质量(g)}}{\text{样品质量(g)}}\times 100(\%)$$

【思考题】

1. 写出四五种良好的脂肪溶剂。
2. 指出几种含脂量较高的食物，包括蔬菜、水果、肉类和谷物等。
3. 索氏提取器磨口连接部分为什么不能涂抹凡士林？

# 实验38

# 丙二醛的测定

【实验目的】

学习和掌握丙二醛法测定植物组织中过氧化脂质含量的原理和方法。

【实验原理】

机体通过酶系统与非酶系统产生氧自由基，后者能攻击生物膜中的多不饱和脂肪酸(polyunsaturated fatty acid，PUFA)，引发脂质过氧化作用，并因此形成脂质过氧化物，如醛基、酮基、羟基、羰基、氢过氧基或内过氧基，以及新的氧自由基等。脂质过氧化作用不仅把活性氧转化成活性化学剂，即非自由基性的脂类分解产物，而且通过链式或链式支链反应，放大活性氧的作用。因此，初始的一个活性氧能导致很多脂类分解产物的形成，这些分解产物中，一些是无害的，另一些则能引起细胞代谢及功能障碍，甚至死亡。氧自由基不但通过生物膜中多不饱和脂肪酸(PUFA)的过氧化引起细胞损伤，而且还能通过脂质过氧化物的分解产物引起细胞损伤。因而测试丙二醛的量常常可以反映机体内脂质过氧化的程度，间接地反映出细胞损伤的程度。

丙二醛(malondialdehyde，MDA)(图 38-1)是常用的膜脂过氧化指标，在酸性和高温度条件下，可以与硫代巴比妥酸(thiobarbituric acid，TBA)反应生成红棕色的三甲川(3，5，5-三甲基噁唑-2，4-二酮)，其最大吸收波长为 532nm。但是测定植物组织中 MDA 时受多种物质的干扰，其中最主要的是可溶性糖，糖与 TBA 显色反应产物的最大吸收波长为 450nm，但 532nm 处也有吸收。植物遭受干旱、高温、低温等逆境胁迫时可溶性糖增加，因此测定植物组织中 MDA-TBA 反应物质含量时一定要排除可溶性糖的干扰。

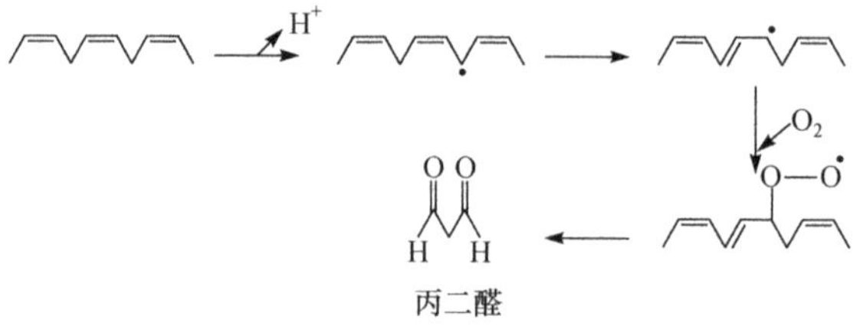


图 38-1　丙二醛生成途径

## 一、植物组织中丙二醛的测定

【试剂和器材】

**1. 试剂**

(1) 20%三氯乙酸(TCA):称取 20g 三氯乙酸晶体用蒸馏水溶解并定容至 100ml,即得。

(2) 0.5%硫代巴比妥酸(TBA):称取 0.5g 硫代巴比妥酸,用少量 1mol/L NaOH 溶解后,再用 20%三氯乙酸定容至 100ml。

**2. 器材**

离心机;天平;试管;研钵;容量瓶;恒温水浴锅;752 型紫外可见分光光度计;吸量管;秒表等。

**3. 实验材料**

小麦叶。

【操作步骤】

(1) 取小麦叶片 0.5g ,洗净、晾干,剪碎置于研钵中,加少量石英砂和 2ml 蒸馏水,研成匀浆,转移到试管中,再用 3ml 蒸馏水分两次洗研钵,合并提取液。

(2) 在提取液中加入 5ml 0.5%的硫代巴比妥酸溶液,摇匀。

(3) 用试管夹夹住试管置于沸水中加热 10min(自有小气泡产生后计时),冷却至室温。

(4) 冷却后,3500r/min 离心 15min,取上清液量其体积 $V$,以一定量的 0.5%的硫代巴比妥酸为空白对照,分别测出其在 450nm 、532nm 和 600nm 下的吸光度。

(5) 结果计算:

$$\text{MDA 的浓度 } C\ (\mu\text{mol/L}) = 6.45\ (A_{532\text{nm}} - A_{600\text{nm}}) - 0.56\ A_{450\text{nm}}$$

$$\text{过氧化脂质 MDA 含量 } (\mu\text{mol/g}) = C \times V \times 10^{-3} / W$$

式中,$C$ 表示 MDA 浓度 ($\mu$mol/L);$V$ 表示提取液总体积 (ml);$W$ 表示植物组织鲜重 (g)。

## 二、动物组织中丙二醛的测定

【试剂和器材】

**1. 试剂**

(1) 人血清(或其他组织匀浆)。

(2) 丙二醛测定试剂盒(购自相关生物制品公司)。

(3) 试剂 A:6ml 液体 1 瓶,室温保存(天冷时会凝固,每次测试前适当加温以加速溶解,直至透明方可应用)。

(4) 试剂 B:6ml 液体 1 瓶,用时加 170ml 双蒸水混匀(注意不要碰到皮肤上)。

(5) 试剂 C:粉剂 1 支,用时加到 80～100℃的 30ml 双蒸水中(在溶解过程中可适当加热),充分溶解后用双蒸水补足至 30ml,再加冰醋酸 30ml,混匀,避光冷藏。

(6) 标准品:10nmol/ml 四乙氧基丙烷 5ml,1 瓶。

(7) 50%冰醋酸。

(8) 无水乙醇。

**2. 器材**

752 型紫外光栅分光光度计；离心机(4000r/min)、离心管；涡旋混合器；试管 1.5mm×15cm；移液器；试管架；恒温水浴锅；保鲜膜等。

【操作步骤】

**1. 取 4 支干净试管，按下表进行操作**

| 试剂 | 试管编号 | | | |
|---|---|---|---|---|
| | 标准管 | 标准空白管 | 测定管 | 测定空白管 |
| 10nmol/ml 标准品/ml | 0.1 | — | — | — |
| 无水乙醇/ml | — | 0.1 | — | — |
| 血清(浆)/ml | — | — | 0.1 | 0.1 |
| 试剂 A/ml | 0.1 | 0.1 | 0.1 | 0.1 |
| | 混匀（摇动试管） | | | |
| 试剂 B/ml | 3.0 | 3.0 | 3.0 | 3.0 |
| 试剂 C/ml | 1.0 | 1.0 | 1.0 | — |
| 50%冰醋酸/ml | — | — | — | 1.0 |

加入试剂后，用涡旋混匀器混匀，试管口用保鲜膜扎紧，刺一小孔，95℃水浴 40min，取出后流水冷却，然后 3500～4000r/min 离心 10min。取上清，532nm 处，1cm 光径，用蒸馏水调零，比色测定各管吸光度值。

**2. 计算**

(1) 血清(浆)中 MDA 含量计算公式为

$$C=\frac{A_2-A_1}{A_4-A_3}\times C_o\times n$$

式中，$C$ 表示血清(浆)中 MDA 物质的量浓度(nmol/L)；$A_1$ 表示测定空白管吸光度；$A_2$ 表示测定管吸光度；$A_3$表示标准空白管吸光度；$A_4$表示标准管吸光度；$C_o$表示标准应用液物质的量浓度(10nmol/L)；$n$ 表示样品稀释倍数。

(2) 组织中 MDA 含量计算公式为

$$b=\frac{A_2-A_1}{A_4-A_3}\times\frac{C_o}{C}$$

式中，$b$ 表示组织中 MDA 质量摩尔浓度(nmol/mg)；$A_1$表示测定空白管吸光度；$A_2$表示测定管吸光度；$A_3$表示标准空白管吸光度；$A_4$ 表示标准管吸光度；$C_o$表示标准品的浓度(10nmol/L)；$C$ 表示蛋白质质量浓度(mg/ml)。

【思考题】

1. 如果可溶性糖含量影响 MDA 含量的测定，有什么办法消除其影响？
2. 为什么 MDA 反应液加热时间过长会影响测定结果？

# 实验39

## 发酵过程中无机磷的利用和ATP的生成(ATP的生物合成)

【实验目的】

了解ATP生物合成的意义;掌握无机磷的测定方法;掌握DEAE-纤维素薄板层析法测定ATP的生成。

【实验原理】

糖酵解的过程中,葡萄糖在酶的作用下被分解成丙酮酸的同时,利用无机磷生成ATP。因此,在酵母发酵过程中,可测得发酵液中的无机磷含量降低和ATP含量的上升。

【试剂和器材】

**1. 试剂**

(1) 2%三氯乙酸溶液:2g三氯乙酸,溶于100ml蒸馏水。

(2) 过氯酸溶液:0.8ml过氯酸,加蒸馏水8.4ml。

(3) 阿米酚试剂:取阿米酚[amidol,二氢氯化-2,4-二氨基苯酚,分子式:$(NH_2)_2C_6H_3OH \cdot 2HCl$] 2g与亚硫酸氢钠($NaHSO_3$)40g共同研磨,加蒸馏水200ml,过滤储存棕色瓶内备用。

(4) 钼酸铵溶液:20.8g $(NH_4)_6Mo_7O_{24} \cdot 4H_2O$,溶于蒸馏水并稀释至200ml。

(5) 6mol/L KOH溶液:称取18.6g KOH固体溶于蒸馏水并定容至100ml。

(6) 1mol/L HCl溶液:量取8.33ml浓盐酸(质量分数37%)并用蒸馏水稀释定容至100ml即可。

(7) ATP溶液:称取ATP晶体(或粉末)50mg,溶于5.0ml蒸馏水,临用时配制。

(8) DEAE-纤维素(层析用)。

(9) 1mol/L NaOH溶液:称取4g NaOH加入蒸馏水溶解并定容至100ml。

(10) 0.05mol/L柠檬酸钠缓冲液(pH3.5):称取柠檬酸12.20g,柠檬酸钠6.70g,溶于蒸馏水,稀释至2000ml。

(11) $KH_2PO_4$,$K_2HPO_4$。

(12) AMP粗制品:用纸电泳法测AMP含量。

(13) $MgCl_2$。

(14) 葡萄糖。

(15) 啤酒酵母:新鲜啤酒酵母悬浮于蒸馏水中,离心,弃去上清液;如此用蒸馏水洗涤酵母数次,最后将洗净的酵母沉淀冷冻保存。

**2. 器材**

水浴锅；量筒 50ml、100ml；吸滤瓶 1000ml；烧杯 200ml；离心机；布氏漏斗（$\Phi$20cm）；电子分析天平；玻璃板 4cm×15cm；水平板；尼龙布；水平仪；pH 试纸（pH1～14）；紫外分析仪；吸管 0.50ml、1.0ml、5.0ml、10.0ml；微量点样管。

【操作步骤】

**1. 发酵**

将 1g $KH_2PO_4$ 及 5.8g $K_2HPO_4$ 溶于 30ml 蒸馏水。另将 1g 100% AMP(按实际含量折算)溶于少量蒸馏水，倾入上述磷酸钾缓冲液内，用 6mol/L KOH 溶液调至 pH 6.5，加热至 37℃。

鲜酵母 50g，用 90ml 蒸馏水稀释，加热至 37℃，倒入上述溶液中，再加 0.16g $MgCl_2$ 及葡萄糖 5g，再加蒸馏水至 160ml，混匀，立即取样 1.0ml，分别测无机磷及 ATP 含量。此时测得的磷含量称为初磷。薄板层析图谱上只有 AMP 斑点，无 ATP 斑点。

每隔 30min 取样测定，至明显看出无机磷及 AMP 含量下降、ATP 含量上升(1.5～2h)。

**2. 发酵液样品处理**

将所取的 1.0ml 样液置离心管中，立即加入 2%三氯乙酸溶液 4.6ml，摇匀，3000r/min 离心 10min。上清液用以测定无机磷及 ATP 含量。

**3. 无机磷测定**

吸取上清液 0.3ml 置于试管内，加过氯酸溶液 8.2ml、阿米酚试剂 0.8ml、钼酸铵溶液 0.4ml，混匀，10min 后比色测定 $A_{650nm}$。

本实验无需无机磷的绝对量，故不作标准曲线。$A_{650nm}$数值下降即表示无机磷下降。一般情况下，当 $A_{650nm}$下降至比初磷 $A_{650nm}$小 0.2 单位时，发酵液中即有较多的 ATP。

**4. DEAE-纤维素薄板层析法测 ATP 的形成**

(1) DEAE-纤维素的处理。先用蒸馏水洗，抽干后用 4 倍体积 1mol/L NaOH 溶液浸泡 4h(或搅拌 2h)，抽干，蒸馏水洗至中性，再用 4 倍体积 1mol/L HCl 浸泡 2h(或搅拌 1h)抽干，蒸馏水洗至 pH4.0 备用。

(2) 铺板。将处理过的 DEAE-纤维素放在烧杯里，加水调成稀糊状，搅匀后立即倒在干净玻璃板上(4cm×15cm)，涂成均匀的薄层，放在水平板上，自然干燥或 60℃烘干，备用。

(3) 点样。在已烘干的薄板一端 2cm 处用铅笔划一基线，用微量点样管取样液、AMP 粗制品和 ATP 溶液各 10$\mu$l，点在基线上，用冷风吹干。

(4) 展层。在烧杯内置 pH3.5 柠檬酸缓冲液(液体厚度约 1cm)，把点过样的薄板倾斜插入此烧杯内(点样端在下)，溶液由下向上流动，当溶剂前沿到达距离玻璃板上端 1cm 处(10min 左右)，取出薄板，用热风吹干，用 260nm 紫外线照射 DEAE-纤维素层观看斑点。DEAE-纤维素经处理可反复使用。

此法具有快速、灵敏的特点。

【思考题】

1. 本实验是否要作无机磷的标准曲线？
2. DEAE-纤维素如长期不用，需如何保存？

# 第三部分　设计性实验

# 实验40 蛋白质的沉淀反应和等电点测定

【实验目的】

初步学会实验设计的思路和过程，自己设计出实验方案并完成。

通过此次实验了解蛋白质沉淀的因素及等电点测定的原理；掌握蛋白质沉淀反应及等电点测定的方法和操作；并能够区分可逆沉淀和不可逆沉淀作用。

【实验原理】

在水溶液中，蛋白质分子表面结合大量的水分子，形成水化膜，同时蛋白质分子本身带有电荷，与溶液的反离子作用，形成双电层，因而每个蛋白质分子可形成一个稳定的胶粒。整个蛋白质溶液就形成稳定的亲水溶胶体系。与其他溶胶相同，这种稳定性是有条件的，相对的。当某些物理化学因素导致蛋白质分子失去水化膜或失去电荷，甚至变性时，它就丧失了稳定因素，以固态形式从溶液中析出，这就是蛋白质的沉淀作用。根据沉淀作用的结果，可将蛋白质的沉淀作用分为两类。

(1) 可逆沉淀作用：在发生沉淀作用时，虽然蛋白质已经沉淀析出，然而其分子内部结构并没发生明显的改变，仍保持原有的结构和性质。如除去沉淀因素，蛋白质可重新溶解在原来的溶剂中。因此，这种沉淀作用称为可逆沉淀作用。

(2) 不可逆沉淀作用：一些物理化学因素往往会导致蛋白质分子结构，尤其是空间结构破坏，因而失去其原来的性质，这种蛋白质沉淀不能再溶解于原来的溶剂中。

蛋白质由许多氨基酸组成，虽然绝大多数的氨基与羧基形成肽键，但是总有一定数量自由的氨基与羧基等酸碱基团。因此蛋白质也是两性电解质。在不同的 pH 水溶液中解离，所带正、负电荷不同。调节溶液的酸碱度达到一定的氢离子浓度时，蛋白质分子所带的正电荷和负电荷相等，以兼性离子状态出现，这时溶液的 pH 称为该蛋白质的等电点(pI)。在等电点时其溶解度最低，形成的沉淀最多。

【试剂和器材】

**1. 试剂**

(1) 0.4%酪蛋白乙酸钠溶液。

(2) 乙酸。

(3) 鸡蛋清的水溶液。

(4) 饱和硫酸铵溶液。

(5) 硫酸铵粉末。
(6) 1%乙酸铅溶液。
(7) 1%硫酸铜溶液。
(8) 10%三氯乙酸溶液。
(9) 0.5%磺基水杨酸溶液。
(10) 5%鞣酸溶液。
(11) 饱和苦味酸溶液。
(12) 晶体氯化钠。
(13) 95%乙醇。
(14) 0.01%溴甲酚绿指示剂。
(15) 0.02mol/L 盐酸溶液。
(16) 0.02mol/L 氢氧化钠溶液。

**2. 器材**

试管;试管架;刻度吸管;吸耳球;胶头滴管等。

【研究方案】

**1. 沉淀反应**

选择材料
⬇
选择沉淀因素
⬇
判断沉淀类型

**2. 等电点测定**

选择待测蛋白质
⬇
设置一系列 pH 梯度
⬇
观察现象判断等电点
⬇
根据实验的现象判断是否需进一步设置 pH 梯度

↓

观察现象得出等电点

↓

判断沉淀类型

【实验建议】

(1) 为了较准确的测定出蛋白质的等电点可设计两步实验，第一步可设计出跨度大，梯度大的 pH；第二步在浑浊度大的 pH 附近再设置 pH 梯度较小的 pH 梯度来较准确地测出该蛋白质的等电点。

(2) 每步沉淀反应都设计相应的方案判断是否可逆，能正确区分可逆沉淀和不可逆沉淀作用及沉淀与变性之间的关系。

(3) 实验结束后可根据实验的现象和结果，提出超出本实验所提供器材和试剂的实验方案，并推测预期的结果，从而加深对本实验的理解。

【思考题】

1. 维持蛋白质胶体稳定性的因素是什么？
2. 实验中判断等电点的标准是什么？

# 实验41

## 目的基因的扩增与鉴定

【实验目的】

了解目的基因的扩增方法、原理及鉴定方法；能够正确掌握 DNA 的提取、扩增、鉴定等操作技巧；学生自行设计引物和 PCR 反应体系的条件，并完成实验。

【实验原理】

模板(靶基因)核酸的量与纯化程度，是影响 PCR 成败与否的关键环节之一。DNA 的提取方法有很多种，传统的 DNA 纯化方法通常采用 SDS 和蛋白酶 K 来消化处理标本，本实验可以根据所选材料的不同选择相应的 DNA 的提取方法。

聚合酶链反应(polymerase chain reaction, PCR)是 20 世纪 80 年代中期发展起来的体外核酸扩增技术。它具有特异、敏感、产率高、快速、简便、重复性好、易自动化等突出优点；能在一个试管内将所要研究的目的基因或某一 DNA 片段于数小时内扩增至十万乃至百万倍，使肉眼能直接观察和判断。PCR 技术的基本原理类似于 DNA 的天然复制过程，其特异性依赖于与靶序列两端互补的寡核苷酸引物。PCR 由变性-复性-延伸三个基本反应步骤构成。PCR 反应五要素是引物、酶、dNTP、模板和 $Mg^{2+}$。本实验要求上网搜索目的基因的序列，设计出合适的引物，选择合适的 PCR 体系对目的基因进行扩增。

PCR 产物是否为特异性扩增，其结果是否准确可靠，必须对其进行严格的分析与鉴定，才能得出正确的结论。PCR 产物的分析，可依据研究对象和目的不同而采用不同的分析方法。一般有琼脂糖凝胶电泳、聚丙烯酰胺凝胶电泳、酶切分析及分子杂交等方法，本实验可根据具体情况选择合适的方法进行鉴定。

【试剂和器材】

**1. 试剂**

(1) 2% CTAB 抽提缓冲液[各物质含量：CTAB 2%，Tris-HCl(pH8.0)0.1mol/L，EDTA 0.02mol/L，NaCl 1.4mol/L]。

a. 分别称取 CTAB 2g，NaCl 8.182g。

b. 1mol/L Tris-HCl 缓冲液(pH 8.0)：称取 Tris 碱 6.06g，加入无菌水 40ml 溶解，滴加浓 HCl 约 2.1ml 调 pH 至 8.0，定容至 50ml。

c. 0.5mol/L EDTA(pH 8.0)：称取 $EDTA\text{-}Na_2 \cdot 2H_2O$ 9.306g，加无菌水 35ml，剧烈搅拌，用约 1g NaOH 颗粒调 pH 至 8.0，定容至 50ml。

将上述所称取的固体与配制的 Tris-HCl 缓冲液 10ml、EDTA 溶液 4ml 混合并用蒸馏水定容至 100ml 即可。如下表所示。

| 成　分 | 终浓度 | 已有溶液浓度 | 配 100ml 所加量 |
|---|---|---|---|
| CTAB | 2% | — | 2g |
| Tris-HCl(pH8.0) | 100mmol/L | 1mol/L | 10ml |
| EDTA | 20mmol/L | 0.5mol/L | 4ml |
| NaCl | 1.4mol/L | 5mol/L | 28ml |

(2) 氯仿/异戊醇溶液(24∶1)：先加入氯仿 96ml，再加入 4ml 异戊醇，摇匀即可。

(3) 冰无水乙醇及 70%乙醇：量取 70ml 无水乙醇加入蒸馏水定容至 100ml 即可。

(4) TE 缓冲液：分别量取 1mol/L Tris-HCl 缓冲液(pH 8.0)5ml 和 0.5mol/L EDTA(pH8.0)1ml 混合后，加入蒸馏水定容至 500ml，高温高压灭菌后备用。

(5) 5mol/L NaAc(pH5.2)：称取 41g NaAc 用蒸馏水溶解并定容至 100ml。

(6) 10×扩增缓冲液。

(7) 4 种 dNTP 混合物(2.5mmol/L)。

(8) *Taq* DNA 聚合酶 5U/μl。

(9) $MgCl_2$(25mmol/L)。

**2. 器材**

紫外分光光度计；涡旋混合器；PCR 仪；电泳仪、电泳槽；水浴锅等。

**3. 实验材料**

小麦或水稻叶片、萝卜叶或嫩叶。

【研究方案】

选择材料

↓

根据需要选择合适的方法提取 DNA

↓

搜索目的基因序列设计引物

↓

选择 PCR 体系，条件优化，进行扩增

↓

PCR 产物的鉴定

【实验建议】

**1. 设计引物应遵循以下原则**

(1) 引物长度:15～30bp,常用为 20bp 左右。

(2) 引物扩增跨度:以 200～500bp 为宜,特定条件下可扩增长至 10kb 的片段。

(3) 引物碱基:G+C 含量以 40%～60%为宜,G+C 太少扩增效果不佳,G+C 过多易出现非特异条带。ATGC 最好随机分布,避免 5 个以上的嘌呤或嘧啶核苷酸的成串排列。

(4) 避免引物内部出现二级结构,避免两条引物间互补,特别是 3′端的互补,否则会形成引物二聚体,产生非特异的扩增条带。

(5) 引物 3′端的碱基,特别是最末及倒数第二个碱基,应严格要求配对,以避免因末端碱基不配对而导致 PCR 失败。

(6) 引物中有或能加上合适的酶切位点,被扩增的靶序列最好有适宜的酶切位点,这对酶切分析或分子克隆很有好处。

(7) 引物的特异性:引物应与核酸序列数据库的其他序列无明显同源性。

**2. 引物量**

每条引物的浓度 0.1～1μmol 或 10～100pmol,以最低引物量产生所需要的结果为好,引物浓度偏高会引起错配和非特异性扩增,且可增加引物之间形成二聚体的机会。

**3. 酶及其浓度**

目前有两种 *Taq* DNA 聚合酶供应:一种是从栖热水生杆菌中提纯的天然酶,另一种为大肠菌合成的基因工程酶。催化一典型的 PCR 反应约需酶量 2.5U(指总反应体积为 100μl 时),浓度过高可引起非特异性扩增,浓度过低则合成产物量减少。

**4. dNTP 的质量与浓度**

dNTP 的质量与浓度和 PCR 扩增效率有密切关系,dNTP 粉呈颗粒状,如保存不当易变性失去生物学活性。dNTP 溶液呈酸性,使用时应配成高浓度后,以 1mol/L NaOH 溶液或 1mol/L Tris-HCl 的缓冲液将其 pH 调节到 7.0～7.5,小量分装,−20℃冰冻保存。多次冻融会使 dNTP 降解。在 PCR 反应中,dNTP 应为 50～200μmol/L,尤其是注意 4 种 dNTP 的浓度要相等(等摩尔配制),如其中任何一种浓度不同于其他几种时(偏高或偏低),就会引起错配。浓度过低又会降低 PCR 产物的产量。dNTP 能与 $Mg^{2+}$ 结合,使游离的 $Mg^{2+}$ 浓度降低。

**5. $Mg^{2+}$ 浓度**

$Mg^{2+}$ 对 PCR 扩增的特异性和产量有显著的影响,在一般的 PCR 反应中,各种 dNTP 浓度为 200μmol/L 时,$Mg^{2+}$ 浓度以 1.5～2.0mmol/L 为宜。$Mg^{2+}$ 浓度过高,反应特异性降低,出现非特异扩增,浓度过低会降低 *Taq* DNA 聚合酶的活性,使反应产物减少。

**6. 温度与时间的设置**

基于 PCR 原理三步骤而设置变性-复性-延伸三个温度点。在标准反应中采用三温度点法，双链 DNA 在 90～95℃变性，再迅速冷却至 40～60℃，引物复性并结合到靶序列上，然后快速升温至 70～75℃，在 *Taq* DNA 聚合酶的作用下，使引物链沿模板延伸。对于较短靶基因(长度为 100～300bp 时)可采用二温度点法，除变性温度外、复性与延伸温度可合二为一，一般采用 94℃变性，65℃左右复性与延伸(此温度下 *Taq* DNA 酶仍有较高的催化活性)。

**7. 循环次数**

循环次数决定 PCR 扩增程度。PCR 循环次数主要取决于模板 DNA 的浓度。一般的循环次数为 25～40 次，循环次数越多，非特异性产物的量亦随之增多。

【思考题】

1. 以 PCR 为基本方法的实验方法有哪些?
2. PCR 产物鉴定方法有哪些?

# 实验42

## 影响肝糖原含量的因素

【实验目的】

在肝糖原提取和定性的实验基础上设计实验，了解肝糖原含量的影响因素。

通过此次实验更进一步的了解肝糖原的性质及其代谢；掌握肝糖原的提取及定量测定的方法。

【实验原理】

肝糖原是糖在机体内的重要储存形式之一，储存量虽不多，但在代谢过程中它是机体内糖的重要来源之一。其合成或分解，对血糖浓度的调节起着重要的作用。

肝脏是哺乳动物调节血糖浓度最重要的器官。对血糖浓度的变化很敏感。当饱食或饥饿时，为了保持恒定的血糖水平，肝糖原含量会发生相应的变化；同时血糖浓度的恒定也受激素信号的调节控制。通过一系列酶促机制，调节血糖，影响肝糖原的含量。

蒽酮比色法是一个快速而简便的定糖方法，糖在硫酸的作用下生成糖醛，糖醛再与蒽酮作用，形成一种绿色的络合物，反应后溶液呈蓝绿色，在620nm处有最大吸收，可与同法处理的葡萄糖标准液比色进行肝糖原含量的测定。

【试剂和器材】

**1. 试剂**

(1) 洁净石英砂。

(2) 10%三氯乙酸溶液：称取10g三氯乙酸溶于蒸馏水并定容至100ml即可。

(3) 5%三氯乙酸溶液：称取5g三氯乙酸溶于蒸馏水并定容至100ml即可。

(4) 95%乙醇。

(5) 蒽酮试剂：取2g蒽酮溶解到80% $H_2SO_4$中，以80% $H_2SO_4$定容至1000ml，当日配制使用。

(6) 标准葡萄糖溶液(0.1mg/ml)：100mg葡萄糖溶解到蒸馏水中，定容至1000ml备用。

**2. 器材**

研钵；滤纸；沸水浴装置；离心机和离心管；分光光度计；小试管和试管架；广泛pH试纸；天平；药匙等。

**3. 实验材料**

小哺乳动物(兔、小鼠、大鼠等)的新鲜肝组织。

【研究方案】

提前对所选材料进行影响因素的处理

↓

葡萄糖标准曲线的制备

↓

定量提取各处理材料的肝糖原

↓

样品吸光度的测定

↓

计算结果

【实验建议】

(1) 该显色反应非常灵敏,溶液中切勿混入纸屑及尘埃。

(2) 硫酸溶液要用高纯度的。

(3) 不同的糖类与蒽酮的颜色反应有差异,稳定性也不相同。加热、比色时间应严格控制。

【思考题】

1. 影响肝糖原含量的因素有哪些?

2. 测定糖含量的方法有哪些?

# 实验43

## 酶反应最适条件的选择

【实验目的】

在了解酶催化特点的基础上设计实验，了解影响酶催化反应的因素。

通过此次实验更进一步的了解酶的催化反应的影响因素；掌握优化酶催化条件的方法。

【实验原理】

酶作为生物的催化剂，与一般催化剂相比有一些显著的特点，如催化效率高、高度专一性、活性可调节性及活性不稳定性。酶的催化作用受到多种因素的影响，因此在酶活测定和酶的应用过程中，各种影响酶催化反应的因素是重要的控制参数，只有优化各条件，才可使酶发挥其催化效率。

最适条件是指能满足酶促反应速度达到最大反应速度所需的条件。主要包括：①合适的底物和最适的底物浓度；②理想的缓冲液种类和最适离子强度；③反应的最适 pH；④反应的最适温度；⑤合适的辅助因子和激活剂浓度；⑥尽量除去反应体系中的抑制剂；⑦合理的测定时间；⑧合适的样品与反应试剂的比例等。

【试剂和器材】

**1. 试剂**

(1) pH 分别为 2.6、5.6、6.6 的 0.1mol/L 柠檬酸-柠檬酸钠缓冲液。

(2) 3,5-二硝基水杨酸试剂。①甲液：将 6.9g 结晶苯酚溶于 15.2ml 10%NaOH 溶液，蒸馏水稀释至 69ml，在此溶液中加入 6.9g 亚硫酸氢钠。②乙液：将 225g 酒石酸钾钠溶于 300ml 10% NaOH 溶液中，再加入 880ml 1%的 3,5-二硝基水杨酸溶液。将甲乙二溶液混合即得黄色试剂，储于棕色瓶中放置 7～10d 后使用。在棕色瓶内保存一年有效。

(3) 麦芽糖标准液(1mg/ml)：称取 0.1g 麦芽糖溶于蒸馏水并定容至 100ml。

(4) 1%淀粉溶液：称取 1g 淀粉溶解于蒸馏水中加热溶解，冷却后定容至 100ml 即可。

(5) 0.4mol/L NaOH 溶液：称 1.6g NaOH 加蒸馏水溶解定容至 100ml。

**2. 器材**

分光光度计；天平；离心机；恒温水浴锅；研钵；容量瓶(100ml、50ml、10ml)；具塞刻度试管(25ml)；移液管(10ml、5ml、1ml)；试管等。

【研究方案】

提取淀粉酶液

↓

确定可能影响酶活的因素和水平

↓

设计正交实验表

↓

合理安排实验步骤

↓

计算、分析实验结果

【实验建议】

（1）合理安排实验操作，保证每管保温时间一致。

（2）加 3,5-二硝基水杨酸试剂后立即摇匀。

【思考题】

1. 影响淀粉酶活性的因素有哪些？

2. 请根据实验结果列出小麦中淀粉酶的反应最适条件。

# 实验44

## 植物过氧化物酶同工酶聚丙烯酰胺凝胶电泳

【实验目的】

掌握聚丙烯酰胺凝胶电泳的原理及分离过氧化物酶同工酶的电泳过程。

通过此次实验更进一步的了解聚丙烯酰胺凝胶电泳应用范围。

【实验原理】

同工酶是指生物体中结构和性质不同而能催化相同反应的一类酶。许多酶都具有同工酶（占已知酶的 40%～50%），凝胶电泳可利用同工酶结构上的差异而将之分离。

过氧化物酶是植物体内常见的氧化酶，植物体内的许多生理代谢过程与过氧化物酶及其同工酶的种类有关。利用过氧化物酶能催化过氧化氢把联苯胺氧化为蓝色或棕色产物，将经过电泳后的凝胶置于有过氧化氢及联苯胺的溶液中染色，有色部位即为过氧化物酶在凝胶中存在的位置，从而得到过氧化物酶同工酶酶谱。其反应如下：

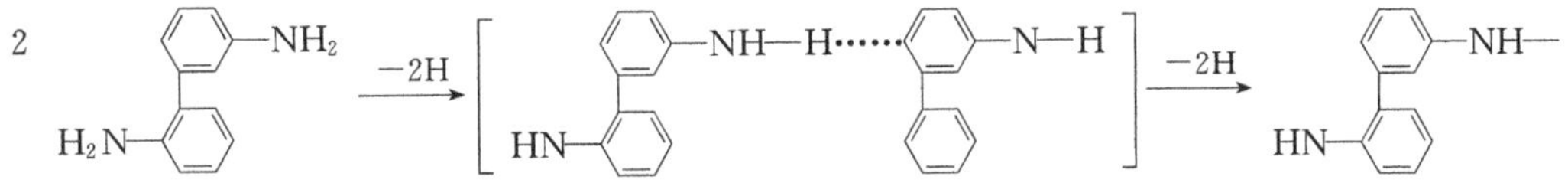


联苯胺　　蓝色中间产物　　棕色（或蓝色）

【试剂和器材】

**1. 试剂**

(1) 分离胶缓冲液。

溶液 A：1mol/L HCl 100ml [取 11.61mol/L (36% HCl)浓盐酸 8.6ml于水中，加水定容至 100ml ]。

溶液 B：称取 Tris (三羟甲基氨基甲烷) 36g 于水中溶解，再加 1mol/L HCl 48ml 然后转入容量瓶中，加水定容至 100ml。

(2) 凝胶储备液：丙烯酰胺(Acr) 30g，甲叉双丙烯酰胺(Bis) 0.8g，加水溶解，然后混合于容量瓶中加水定容至 100ml，如果有沉淀要过滤。

(3) 浓缩胶缓冲液：称取 6g Tris，加约 60ml 重蒸水，用 1mol/L HCl 调 pH 至 6.8，用重蒸水稀释至最终体积为 100ml，4℃冰箱保存。

(4) 10%过硫酸铵：过硫酸铵 1.0g，溶解后，于容量瓶加蒸馏水定容至 10ml，分装 −20℃保存，临用前拿出融化。

(5) TEMED 原液。

(6) 样品缓冲液：Tris 6g，甘氨酸 28.6g，加蒸馏水溶解并定容至 1000ml，pH 为 8.3，使用时稀释 10 倍。

(7) 样品缓冲液：0.1mol/L Tris-HCl 缓冲液，pH 为 6.8，内含 20% 蔗糖($m/V$)。

A 溶液：配 0.2mol/L HCl 50ml（取上述 1mol/L HCl 进行稀释）。

B 溶液：配 0.2mol/L Tris（三羟甲基氨基甲烷）溶液 50ml，用 0.2mol/L HCl 调 pH 为 6.8，加 20g 蔗糖，溶解后，定容至 100ml。

(8) 染色液。

A 液：2%联苯胺溶液：将 2g 联苯胺溶于 100ml 95%的乙醇中，棕色试剂瓶保存。

B 液：1.5mol/L NaAc：将 20.412g 的 NaAc 溶于 100ml 水。

C 液：1.5mol/L HAc：8.62ml HAc 用蒸馏水稀释至 100ml。

染色时按 5ml A 液＋5ml B 液＋5ml C 液＋35ml 蒸馏水配制，混匀后得到染色液。

(9) 30% $H_2O_2$。

**2. 器材**

电泳仪，电泳槽；烧杯；100ml，200ml，500ml 容量瓶；广泛 pH 试纸；大烧杯；剪细滤纸条 1 杯；长滴管；注射器 1 支；移液管，吸耳球；离心管；玻棒；植物材料等。

【研究方案】

凝胶的制备

↓

样品的制备

↓

加样和电泳

↓

下胶及染色

↓

测量、分析实验结果

【实验建议】

(1) 因为电泳结束后要进行活性染色，在样品制备和电泳时注意保持低温。

(2) 凝胶酶谱泡于 7% 冰醋酸溶液中,可保存几个月。

(3) 如果选取不同种类的植物材料可以更好地比较其差异。

【思考题】

1. 聚丙烯酰胺凝胶同工酶电泳与 SDS-PAGE 有何不同?

2. 聚丙烯酰胺凝胶同工酶电泳用途是什么?

## 主要参考文献

陈钧辉．2003. 生物化学实验．3版．北京:科学出版社
陈小萍，林国斌．1999. 影响动物肝糖原测定测定因素的分析．中国卫生检验杂志，9(4)：281-282
陈毓荃．2002. 生化实验和方法和技术．北京:科学出版社
董晓燕．2003. 生物化学实验．北京:化学工业出版社
杜希华，原永洁，尤瑞琛，等．1996. 分离乳酸脱氢酶同工酶的琼脂糖凝胶电泳法改进．上海实验动物科学，16(3，4)：185
郭尧君．2001. 蛋白质电泳实验技术．北京:科学出版社
郭勇．2003. 现代生化技术．广州:华南理工出版社
黄如彬，丁昌玉，林厚怡，等．1995. 生物化学实验教程．北京:世界图书出版公司
李合生．2000. 植物生理生化实验原理和技术．北京:高等教育出版社
李如亮．1998. 生物化学实验．武汉:武汉大学出版社
厉朝龙．2000. 生物化学与分子生物学实验技术．杭州:浙江大学出版社
梁宋平．2003. 生物化学与分子生物学实验教程．北京:高等教育出版社
卢圣栋，李尹雄．1999. 现代分子生物学实验技术．2版．北京:中国协和医科大学出版社
史峰．2002. 生物化学实验．杭州:浙江大学出版社
萨姆布鲁克 J，拉塞尔 D W. 2002. 分子克隆实验指南．3版．黄培堂译．北京:科学出版社
苏拔贤．1998. 生物化学制备技术．北京:科学出版社
汪炳华．2002. 医学生物化学实验技术．武汉:武汉大学出版社
汪家政，范明．2000. 蛋白质技术手册．北京:科学出版社
王宪泽．2002. 生物化学实验技术原理和方法．北京:中国农业大学出版社
王秀奇，秦淑媛，高天慧．1999. 基础生物化学实验．2版．北京:高等教育出版社
吴冠云，潘华珍，吴翚，等．2000. 生物化学与分子生物学实验常用数据手册．北京:科学出版社
萧能赓，余瑞元，袁明秀，等．2005. 生物化学实验原理和方法．北京:北京大学出版社
熊忠，肖钊宝．1996. 简便快速肝糖原的分管光度测定法．生物学杂志，(4)：33
杨建雄．2002. 生物化学与分子生物学实验教程．北京:科学出版社
严希康．2001. 生化分离工程．北京:化学工业出版社
袁玉荪，朱婉华，陈均辉．1985. 生物化学实验．北京:人民教育出版社
张承圭，王传怀，袁玉荪．1990. 生物化学仪器分析及技术．北京:高等教育出版社
赵亚华．2000. 生物化学实验技术教程．广州:华南理工大学出版社
赵永芳．2002. 生物化学技术原理及应用．3版．北京:科学出版社
周顺五．1991. 生物化学实验技术(生理生化专业用)．北京:北京农业大学出版社
周先碗，胡晓倩．2002. 生物化学仪器分析与实验技术．北京:化学工业出版社
朱俭．1981. 生物化学实验．上海:上海科学技术出版社
Braford M M. 1976. A rapid and sensitive method for the quantitation quantities of protein utilizing the principle of protein-dye binding. Anal Biochem, 72: 248-254
Lowry O H, Rosebrough N J, Farr A L, et al. 1975. Protein measurement with the Folin phenol reagent. J Biol Chem, 193: 265

# 附　录

## 一、实验室规则

(1) 每个同学都应该自觉地遵守课堂纪律,维护课堂秩序,不迟到,不早退,保持室内安静,不大声谈笑。注意环境卫生,严禁随地吐痰,要讲文明,懂礼貌。

(2) 在实验过程中要听从教师的指导,严肃认真地按操作规程进行实验,并简要、准确地将实验结果和数据记录下来。完成实验后经教师检查同意,方可离开。课后按要求写出实验报告,由课代表收齐交给教师。

(3) 环境和仪器的清洁整齐是搞好实验的重要条件。实验台面、试剂药品架上必须保持整洁,仪器药品要井然有序。公用试剂用毕应立即盖严放回原处。勿使试剂药品洒在实验台面和地上。实验完毕,需将药品试剂排列整齐,玻璃器皿要洗净倒置放好,将实验台面擦拭干净,经教师验收后,方可离开实验室。

(4) 使用仪器、药品、试剂和各种物品必须注意节约,不要使用过量的药品和试剂。应特别注意保持药品和试剂的纯净,严防混杂。不要将滤纸和称量纸做其他用途。使用和洗涤仪器时,应小心仔细,防止损坏仪器。使用贵重精密仪器时,应严格遵守操作规程,发现故障立即报告教师,不要自己动手检修。要爱护国家财产,厉行节约。

(5) 注意安全。实验室内严禁吸烟。乙醇、丙酮、乙醚等易燃品不能直接加热,并要远离火源操作和放置。实验完毕,应立即关好水龙头,拉下电闸,各种玻璃器皿应放置稳妥。离开实验室以前应认真负责地进行检查,严防不安全事故。

(6) 无毒的和对环境无严重污染的废弃液体(强酸强碱溶液必须先用水稀释)可倒入水槽内,同时放水冲走。废纸、火柴头及其他固体废物和带有渣滓沉淀的废液倒入废品缸内,不能倒入水槽或到处乱扔。对环境有严重污染的和有毒的废弃物应统一放置进行特殊处理。

(7) 仪器损坏时,应如实向教师报告,认真填写损坏仪器登记表,然后补领。

(8) 实验室内一切物品,未经本室负责教师批准严禁携出室外,借物必须办理登记手续。

(9) 每次实验课由班长安排同学轮流值日,值日生要负责当天实验的卫生、安全和一些服务性的工作,每次实验完毕,必须拖地,实验中或实验后打蒸馏水。

(10) 对实验的内容和安排不合理的地方可提出改进意见。对实验中出现的一切反常现象应进行讨论,并大胆提出自己的看法,做到生动、活泼、主动地学习。

## 二、实验报告书写

### (一) 实验记录

实验课前应认真预习,将实验名称、实验目的、实验原理、实验内容、操作方法和步骤等简单扼要地写在记录本中。

实验记录本应标上页数,不要撕去任何一页,更不要擦抹及涂改,写错时可以准确地划去重写。记录时必须使用钢笔或圆珠笔。

实验中观察到的现象、结果和数据,应该及时地记在记录本上,绝对不可以用单片纸做记录或记草稿。原始记录必须准确、简练、详尽、清楚。从实验课开始就应养成这种良好的习惯。

记录时，应做到正确记录实验结果、切忌夹杂主观因素，这是十分重要的。在实验条件下观察到的现象，应如实地记录下来。在定量实验中观测的数据，如称量物的质量、滴定管的读数、光电比色计或分光光度计的读数等，都应设计一定表格记下正确的读数，并根据仪器的精确度记录有效数字。例如，光吸收值为 0.050 不应写成 0.05。每一个结果最少要重复观测两次以上，当符合实验要求并确知仪器工作正常后再写在记录本上。实验记录上的每一个数字，都是反映每一次的测量结果，所以，重复观测时，即使数据完全相同也应如实记录下来。数据的计算也应该写在记录本上。总之，实验的每个结果都应正确无遗漏地做好记录。

实验中使用仪器的类型、编号及试剂的规格、化学式、分子质量、准确的浓度等，都应记录清楚，以便总结实验时进行核对和作为查找成败原因的参考依据。如果发现记录的结果有疑问、遗漏、丢失等，都必须重做实验。因为，将不可靠的结果当做正确的记录，在实际工作中可能造成难于估量的损失。所以，在学习期间就应一丝不苟，努力培养严谨的科学作风。

## （二）实验报告

实验结束后，应及时整理和总结实验结果，写出实验报告。

写实验报告时，应把课程和实验名称、姓名、日期和页数写在实验报告上。课程完成后，还可编一个目录，可以用不同的方式写实验报告。下列各标题是在大多数生物化学研究论文中所使用的。在一些实验中也可以把两部分合并为一个标题，如“方法和结果”或“结果与讨论”，将依不同的研究内容而定。

(1) 题目和引言：所有的实验都有一个题目，它应该写在实验报告的顶端、与日期并列在一起。实验题目应该简洁而明确，使实验目的一目了然。学生应明确实验的目的，如能对在实验中试图证明的内容有一个粗略的描述就更好。

(2) 材料和仪器：应列出所用的试剂和装置，特殊的仪器要有合适的图解，说明化学试剂时要避免用未被普遍接受的商品名或俗名。

(3) 实验或方法：要描述按操作顺序进行的实际做法，不能照抄实验书或实验讲义。实验描述要简洁，但要写得明白，以便他人能够重复。

(4) 结果：常希望能重复以前的某些实验结果，或此次的结果能在今后再现。因此应记录实际观察到的实验现象而不是照抄实验书所列应观察到的实验结果。应记录实验现象的所有细节。如只报告在一个特殊实验中生成一种黄色沉淀是不够的。沉淀的真实颜色是什么，是亮黄、橘黄还是其他，沉淀是多，是少，是胶状还是颗粒状，什么时候形成沉淀，立即生成、缓慢生成、加热时生成还是冷却时生成，所有这些似乎都是显而易见的，但常常被忽视。报告在实验中的真实发现对学生将是非常重要的科学研究训练。在科学研究中仔细观察，特别注意未预期的实验现象是十分重要的，这些观察常常引起意外的发现，而且为了重复工作也需要准确的实验报告。在实验报告中只写“处死大鼠并取肝”是十分不合适的，必须给出鼠的品种、性别、年龄和体重，鼠是饥饿的还是饱食的，它是否用某种方式处理过，是如何处死的。在评价实验结果时，上述各种因素可能十分重要，因此必须记录。

(5) 讨论和结论：讨论不应是实验结果的重述，而是以结果为基础的逻辑推论。常常在引言部分对实验提出问题，然后看在讨论中能对此问题回答到什么程度。应有一简短而中肯的结论。

(三) 表格和图解

(1) 表格。最好用图表的形式概括实验的结果，根据所记录数据的性质确定用图还是用表。表格应该连续标号并有明确的标题，有时还需要紧接在标题下面有一详细的说明。在每一纵行数据结果的顶端注明所使用的单位而不要在表格的每一行中都重复地书写数据的单位。表格中的数据应有合适的位数。可适当调整数据的单位做到此点。例如，浓度 0.0072mol/L，最好在浓度(mmol/L)的栏下表示为 7.2，或在 $10^{-4}$ ×浓度(mol/L)的栏下表示为 72。

(2) 图解。常常在实验报告中画上专门仪器的粗略草图。此外，用图线表示层析或电泳的结果或用流程图表示纯化的步骤也比冗长的描述更清楚。一般说，当所观察记录的数据较多时用图线比用表格好。从图中吸取结果也比从表中来得容易。而且观察各点是否能画成一个光滑的曲线还能给出实验中偶然误差的某些概念。此外，图能清楚地指出测量的中断，而从数字表格中则不容易看出来。

(3) 直线图。如 $y$ 和 $x$ 的关系和下列方程式类似：$y=mx+c$。那么，以 $y$ 对 $x$ 作图就得到一条直线。直线的斜率是 $m$，它与 $y$ 轴相交于 $c$(附图 1)。在许多情况下，$y$ 和 $x$ 并不是线性关系，但对数据进行某种处理，仍可得到一条直线。本书有这样处理数据以获得直线的例子，如 Beer-Lambert 定律和酶动力学。

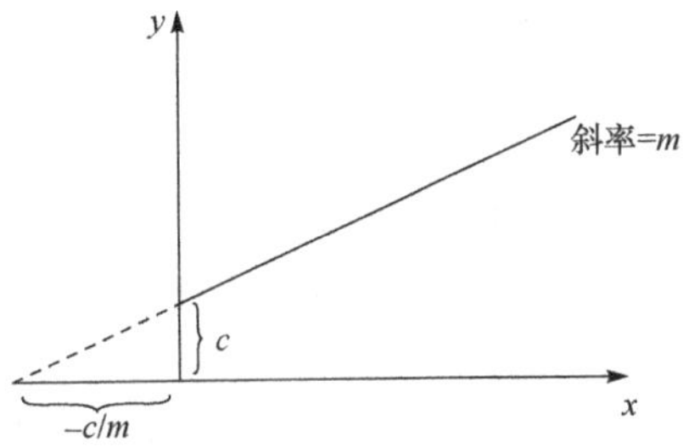


附图 1 直线图($y=mx+c$)

(4) 画图。在许多实验中，都有一个量，如浓度、pH 或温度在系统地变化着，要测量的是此量对另一量的影响。已知量叫做自变量，未知量或待测量叫做应变量。画图时，习惯把自变量画在横坐标($x$ 轴)上，而把应变量画在纵坐标($y$ 轴)上。下面举一些作图的提示。①为了清楚起见，调整标度使斜度在 45°范围内。②图应有明确简洁的标题。清楚地标明两个轴的计算单位。③要用简单数字表明轴上的标度(如使用 10mol/L 就比 0.01mol/L 或 10 000μmol/L 要好)。④欲表示实验中所测定点的位置就用清楚设计的符号(○、●、□、■、△、▲)而不用×、+或一个小数点表示。

(5) 尽可能使各点间的距离相等，不要使各点挤在一起或让他们之间的距离太大。

(6) 根据不同的实验用光滑的连续的曲线或直线连接各点。

(7) 符号的大小应能指示各值的可能误差，而且，由于自变量常常知道得很准确，有时也可以把结果表示为垂直的线或棒，其长度依赖于应变量的差异。

## 三、常用实验室操作规范

(一) 玻璃仪器的清洗

实验中所使用的玻璃仪器清洁与否，直接影响实验结果，往往由于仪器的不清洁或被污染而造成较大的实验误差，甚至会出现相反的实验结果。因此，玻璃仪器的洗涤清洁工作是非常重要的。

### 1. 初用玻璃仪器的清洗

新购买的玻璃仪器表面常附着游离的碱性物质，可先用洗衣粉（或去污粉）洗刷再用自来水洗净，然后浸泡在1％～2％盐酸溶液中过夜（不少于4h），再用自来水冲洗，最后用蒸馏水冲洗2～3次，在100～130℃烘箱烤干备用。

### 2. 使用过的玻璃仪器的清洗

（1）一般玻璃仪器：如试管、烧杯、锥形瓶等（包括量筒），先用自来水洗刷至无污物，再选用大小合适的毛刷蘸取洗衣粉（或去污粉）或浸入洗衣粉水内。将器皿内外（特别是内壁）细心刷洗，用自来水冲洗干净后，蒸馏水冲洗2～3次，烘干或倒置在清洁处，干后备用。凡洗净的玻璃器皿，不应在器壁上带有水珠，否则表示尚未洗干净，应再按上述方法重新洗涤。若发现内壁有难以去掉的污迹，应分别试用下述各种洗涤剂予以清除，再重新冲洗。

（2）量器：如吸量管、滴定管、量瓶等。使用后应立即浸泡于凉水中，勿使物质干涸。工作完毕后用自来水冲洗，以除去附着的试剂、蛋白质等物质，晾干后浸泡在铬酸洗液中4～6h（或过夜），再用自来水充分冲洗，最后用蒸馏水冲洗2～4次，风干备用。

（3）其他：具有传染性样品的容器，如病毒、传染病患者的血清等沾污过的容器，应先进行高压（或其他方法）消毒后再进行清洗。盛过各种毒品，特别是剧毒药品和放射性同位素物质的容器，必须经过专门处理，确知没有残余毒物存在方可进行清洗。

### 3. 洗涤液的种类和配制方法

（1）铬酸洗液（重铬酸钾-硫酸洗液，或简称为洗液）广泛应用于玻璃仪器的洗涤。常用的配制方法有下述几种。①取100ml工业浓硫酸置于烧杯内，小心加热，然后小心慢慢加入5g重铬酸钾粉末，边加边搅拌待全部溶解后冷却，储于具有玻璃塞的细口瓶内。②称取5g重铬酸钾粉末置于250ml烧杯中，加水5ml，尽量使其溶解。慢慢加入浓硫酸100ml，边加边搅拌。冷却后储存备用。③称取80g重铬酸钾，溶于1000ml自来水中，慢慢加入工业硫酸100ml（边加边用玻璃棒搅动）。④称取200g重铬酸钾，溶于500ml自来水中，慢慢加入工业硫酸500ml（边加边搅拌）。

（2）浓盐酸（工业用）：可洗去水垢或某些无机盐沉淀。

（3）5％草酸溶液：用数滴硫酸酸化，可洗去高锰酸钾的痕迹。

（4）5％～10％磷酸三钠（$Na_3PO_4 \cdot 12H_2O$）溶液：可洗涤油污物。

（5）30％硝酸溶液：洗涤$CO_2$测定仪器及微量滴管。

（6）5％～10％乙二胺四乙酸二钠（EDTA-$Na_2$）溶液：加热煮沸可洗脱玻璃仪器内壁的白色沉淀物。

（7）尿素洗涤液：为蛋白质的良好溶剂，适用于洗涤盛蛋白质制剂及血样的容器。

（8）乙醇与浓硝酸混合液：最适合于洗净滴定管，在滴定管中加入3ml乙醇，然后沿管壁慢慢加入4ml浓硝酸，盖住滴定管管口，利用所产生的氧化氮洗净滴定管。

（9）有机溶剂：如丙酮、乙醇、乙醚等可用于洗脱油脂、脂溶性染料等污痕。二甲苯可洗脱油漆等污垢。

（10）氢氧化钾的乙醇溶液和含有高锰酸钾的氢氧化钠溶液是两种强碱性的洗涤液，对玻璃仪器的侵蚀性很强，清除容器内壁污垢，洗涤时间不宜过长，使用时应小心慎重。

上述洗涤液可多次使用，但是使用前必须将待洗涤的玻璃仪器先用水冲洗多次，除去洗衣粉、去污粉或各种废液。若仪器上有凡士林或羊毛脂时，应先用软纸擦去，然后用乙醇或乙醚擦净后才能使用洗液，否则会使洗液迅速失效。例如，肥皂水，有机溶剂(乙醇、甲醛等)及少量油污皆会使重铬酸钾-硫酸洗液迅速变绿，减低洗涤能力。

(二) 搅拌和振荡

(1) 配制溶液时，必须随时搅拌或振荡混合。配制完成时，必须充分搅拌或振荡混合。

(2) 搅拌使用的玻璃棒，必须两头都烧圆滑。

(3) 搅棒的粗细长短，必须与容器的大小和所配制的溶液的多少呈适当比例关系。不能用长而粗的搅棒去搅拌小离心管中的少量溶液。

(4) 搅拌时，尽量使搅棒沿着器壁运动，不搅入空气，不使溶液飞溅。

(5) 倾入液体时，必须沿壁器慢慢倾入，以免有大量空气混入，倾倒表面张力低的液体(如蛋白质溶液)时，更需缓慢仔细。

(6) 振荡溶液时，应沿着圆圈转动容器，不应上下振荡。

(7) 振荡混合小离心管中液体时，可将离心管握在手中，以手腕、肘或肩作轴，来旋转离心管；也可一手持离心管上端用另一手弹动离心管；也可用一手大拇指和食指持管的上端，用其余三个手指弹动离心管。手指持管得松紧要随着振动的幅度变化。还可以把双手掌心相对合拢，夹住离心管，来回搓动。

(8) 在容量瓶中混合液体时，应倒持容量瓶摇动，用食指或手心顶住瓶塞，并不时翻转容量瓶。

(9) 在分液漏斗中振荡液体时，应用一手在适当斜度下倒持漏斗，用食指或手心顶住瓶塞，并用另一手控制漏斗的活塞。一边振荡一边开动活塞，使气体可以随时由漏斗泄出。

(10) 研磨配制胶体溶液时，要使用杵棒沿着研钵的单方向进行，不要来回研磨。

(三) 沉淀的过滤和洗涤

(1) 过滤沉淀一般使用滤纸。

(2) 应根据沉淀的性质选择不同的滤纸。胶状沉淀，应使用质松孔大的滤纸。一般大小颗粒的结晶形沉淀，应使用致密孔较小的滤纸。而极细的沉淀，则应使用致密孔最小的滤纸。滤纸越致密，过滤就越慢。

(3) 滤纸的大小要由沉淀来决定，并不是由溶液的体积来决定。沉淀量应装到滤纸高度的 1/3 左右。最多不应超过 1/2，通常使用直径为 7～9cm 的圆形滤纸。

(4) 折叠滤纸应先整齐地对折，错开一点再对折，打开后形成一边一层，一边三层的圆锥形体。折叠尖端时不可过于用力，以免容易出洞。放入漏斗时，滤纸边缘应完全吻合。撕去三层一边的外面两层部分的尖端，使滤纸上缘能更好地贴在漏斗的壁上，不留缝隙。而下面部分则有空隙以利于提高过滤速度。

(5) 滤纸上缘一般应低于漏斗口上周 0.5～1cm。润湿滤纸时，应用指尖轻压滤纸，赶净滤纸和漏斗间的气泡，使滤纸紧贴漏斗壁。同时漏斗颈内必须充满液体，这样，才可借液柱的质量而对待滤液体产生吸滤作用。

(6) 过滤时，为了防止沉淀堵塞滤纸的孔洞，通常采用倾泻法，即先小心地把溶液倾入漏斗而不使沉淀流入，只在过滤的最后一步才把沉淀转移到漏斗上。

(7) 过滤时，将玻璃棒直立在三层滤纸中间部分，其下端接近但不能触及滤纸，并使盛器紧贴玻棒，使液体顺玻棒缓缓流入漏斗。液体最多加到距滤纸上缘3～4mm处，过多则沉淀会因滤纸的毛细管作用而爬到漏斗壁上去。

(8) 在容器中洗涤沉淀一般采用倾注法。洗涤时，采用少量多次的方法最有效。通常，容易洗涤的粒晶形沉淀洗2～3次，难洗涤的黏稠无定形沉淀则需洗5～6次。注意，每次都应尽量倾干以增加洗涤效率，并防止沉淀流失。

(9) 转移沉淀时，先向沉淀中加入滤纸一次所能容纳的洗涤液，搅拌成混悬液，不要等待沉淀下沉，立即按倾注清液的同样方式倾入漏斗。容器内剩余的沉淀可以用少量洗涤液按上述方法重复数次，直到全部转移到漏斗内。

(10) 在漏斗内洗涤沉淀时，先将沉淀轻轻摊开在漏斗下部，再用滴管(或洗瓶)将洗涤液加入到漏斗上缘稍下的地方，同时转动漏斗，并使洗涤液沿着漏斗不断向下移动，直到洗涤液充满滤纸一半时，立即停止。待漏斗中洗涤液完全漏出后，再进行第二次洗涤。通常，完全洗去吸附的不挥发物，需8～10次。确知沉淀已洗净，需要进行必要的检验。必须注意，沉淀的过滤和洗涤工作一定要一次完成，不可间断。

### (四) 实验室常识

(1) 挪动干净玻璃仪器时，勿用手指接触仪器内部。

(2) 量瓶是量器，不要用量瓶作盛器。量瓶等带有磨口玻璃塞的仪器，塞子不要盖错。带玻璃塞的仪器和玻璃瓶等，如果暂不使用，要用纸条把瓶塞和瓶口隔开。

(3) 洗净的仪器要放在架子上或干净纱布上晾干，不能用抹布擦拭，更不能用抹布擦拭仪器内壁。

(4) 不要用棉花代替橡皮塞或木塞堵瓶口或试管口。

(5) 不要用纸片覆盖烧杯和锥形瓶等。

(6) 不要用滤纸称量药品，更不能用滤纸作记录。

(7) 不要用石蜡封闭精细药品的瓶口，以免掺混。

(8) 标签纸的大小应与容器相称，或用大小相当的白纸，绝对不能用滤纸，标签上要写明物体的名称、规格和浓度、配制的日期及配制人。标签应贴在试剂瓶或烧杯的2/3处，试管等细长形容器则贴在上面。

(9) 使用铅笔写标记时，要在玻璃仪器的磨砂处。如用玻璃铅笔，则写在玻璃容器的光滑面上。

(10) 取用试剂和标准溶液后，需立即将瓶塞严，放回原处。取出的试剂和标准溶液，如未用尽，切勿倒进瓶内，以免掺混。

(11) 凡是发生烟雾、有毒气体和有臭味气体的实验，均应放在通风橱内进行。橱门应紧闭，非必要时不能打开。

(12) 用实验动物进行实验时，不许戏弄动物。进行杀死或解剖等操作，必须按照规定方法进行。绝对不能用动物、手术器械或药物开玩笑。

(13) 使用贵重仪器如天平、比色计、离心机等，应十分重视，加倍爱护。使用前，应熟知使用方法。若有问题，随时请指导实验的人员解答。使用时，要严格遵守操作规程。发生故障时，应立即关闭仪器，请示报告，不得擅自拆修。

## (五) 容量仪器的使用和校正

### 1. 量筒

量筒为粗量器，不能用来配制标准溶液，仅能粗略地度量液体体积。用量筒时，在根据所量溶液多少来选择，不可使用过大量筒量取较小体积，如用 500ml 量筒量取 5ml 或 10ml 溶液，显然误差太大。读数时，视线必须和溶液凹月面成一水平面不可过高过低，量筒为粗量器，不用较正。

### 2. 量瓶

(1) 量瓶的使用方法：量瓶用于配制一定体积的液体，主要用于制备标准溶液。瓶颈上有一刻度，加入液体达到此刻度时，就相当于瓶上所标明的温度(通常为 20℃)时的体积。使用量瓶时，不要把溶质直接倒入量瓶然后加水至刻度，而应使溶质首先在小烧杯中加少量水溶解，再把溶液沿玻璃棒引入量瓶。在量瓶内，可事先加水至体积 2/3 或 1/2。磨口的瓶塞，应事先检查是否漏水。盖上塞子后，用食指或手心顶住瓶塞，倒置量瓶，并不时摇动和翻转量瓶，以使溶液充分混匀，然后加水至刻度。注意：①当添加液体接近量瓶刻度时，要换用滴管小心滴加至刻度。②若在溶解过程中放热，则必须待溶液冷却至室温后，再倒入量瓶内。若溶解时吸热，操作也相同。③配制蛋白质溶液时，应将蛋白质溶解后，沿壁缓缓加水至刻度，再混匀，以免出现大量泡沫，影响观察刻度。④量瓶不准加热，若某种物质需加热溶解，则必须事先在烧杯中进行，冷却后再倒入。⑤量瓶用毕要立即洗净，不必烘干。⑥不准用量瓶储存溶液，溶液应倒入试剂瓶中储存。⑦量瓶塞不得任意更换，用毕后必垫以纸条，将塞盖好。⑧有的量瓶颈上有两个刻度，上刻度为倾出液体的体积，称为卸量，下刻度表示容量，称为装量。

(2) 量瓶的校正方法：通常采用下述几种方法进行校正。①洗净容量瓶，自然干燥后称其质量，然后盛入蒸馏水至刻度处，用滤纸吸去附着于瓶颈内壁的水珠，再称其质量，按照水在校正温度下的密度求得其容量(称重准确至 0.01g 即可)。②洗净容量瓶晾干后称重，加入相当于准确容量的一定质量蒸馏水，观察其水面的凹月面是否恰在刻度上。若在刻度外，则用玻璃刀在凹月面切线处刻一条线代替原来的刻度。③将容量瓶洗净晾干，然后用移液管吸取蒸馏水放入容量瓶(如以 5ml 移液管校正 50ml 量瓶需取 10 次)，待量瓶内的液面静止后，再用玻璃刀在凹月面处刻一切线，此线即代替原来的刻度。

### 3. 滴定管

滴定管有带玻璃塞的酸溶液滴定管，和带橡皮管的碱溶液滴定管两种。不能用酸溶液滴定管装盛碱性溶液，以免把玻璃塞腐蚀。如必须使用，用完必须立即用水洗净。常量滴定管，常用的有 25ml 及 50ml 两种。这两种滴定管的最小刻度单位是 0.1ml，滴定后读数时可以估计到小数点后两位数字，即液体体积可量至 0.01ml。半微量滴定管，常用的是 2ml 及 5ml 的滴定管，最小刻度单位是 0.01ml 至 0.02ml，读数可到小数点后第三位数字。

(1) 滴定管在使用前的处理。①使用前要冲洗干净，重铬酸钾-硫酸洗液浸泡后，以自来水多次冲洗，再用蒸馏水冲洗 2～3 次。②将玻璃塞和活塞孔擦干，在活塞上涂一层凡士林，然后将活塞轻轻插入套孔。再旋转 2～3 次，使凡士林散开。注意，凡士林不能涂得太多，而把活塞小孔堵塞；也不能涂得太少，以免活塞不能润滑地转动，甚至遗漏溶液。涂好的活塞应当是润滑而透明的，然后，用橡皮圈扎好，以防活塞脱落。装好活塞后应当装满蒸馏水，检查活塞是否漏水，转动是否灵活。③用蒸馏水洗涤后，在使用前还必须用操作溶液再洗涤滴定管 2～3 次。④滴定管必须垂直，滴定台要以白瓷板或白纸衬托。

(2) 滴定操作。①首先检查滴定管的出口管及其他部位有无气泡，如果有气泡要全部赶出。用滤纸吸去滴定管出口尖端外面的液滴。②滴定时左手控制玻璃塞，右手轻轻摇荡被滴定溶液的容器。③滴定时溶液必须慢慢地从滴定管滴出，不能太快，更不应呈液柱下流。滴定完时，必须将出口尖端轻接触容器内壁，使悬而不下的一滴溶液也进入容器内。略停，再读数。读数时眼睛必须和溶液凹月面在一水平面上。④滴定完毕后，应将滴定管中溶液放出，用自来水冲洗后，再用少量蒸馏水洗涤 1～2 次，然后装满蒸馏水至刻度以上，并将上口罩好，以供下次使用。

(3) 滴定管的校正。①首先装满蒸馏水，然后按其刻度滴出一定量的蒸馏水于已预先称好的洁净干燥的称量瓶中，再称其质量，最后根据温度、质量、计算出体积。②将滴定管以橡皮管和一吸量管相连接，吸量管 a 至 b 的刻度已经用称量法确定，先将滴定管吸量管充满蒸馏水，并使滴定管中水凹月面与 a 线相切，然后打开弹簧夹，使水恰好充至 b 线，这时滴定管上的读数应相当于已确定的吸量管的容积，按上述操作反复进行，直到滴定管的最末读数。若吸量管 a 至 b 的容量经称量法确定为 4.813 真实毫升，而相应滴定管的读数为 4.90，则滴定管每毫升等于 4.813/4.90＝0.982 真实毫升，假如第二次充满吸量管时降到 9.78，则在这段滴定管每毫升真实毫升数为 4.813/(9.78－4.90)＝0.986。

#### 4. 吸管

吸管为精密卸量容器，生化实验中经常使用。

(1) 移液管(单刻度吸管)。①普通单标吸管：它的中部有一圆柱状空泡，只能量全量。当所量取的液体自行流出后，使吸管尖端在受器内壁上停留 3～5s，所余少量液体不必吹出。因为其固定倾出容量已经检定。②奥氏吸量管：它具有一相当大的卵形空球及一短小的出口。当将所量取的液体放出后，必须将遗留的管尖端的少量液体吹入受器内。某些奥氏吸量管带有玻璃塞。在所有的吸管中以奥氏吸量管的准确度最大，常用于定量实验。

(2) 吸量管(多刻度吸管)。①普通吸量管：它是直筒状吸管，其上有多个刻度。北京玻璃厂生产的吸量管，1ml 以下(不包括 1ml)都必须把尖端遗留的液体吹入受器内(新产品都注明有“吹”字)。1ml 以上(包括 1ml)不应吹出尖端遗留的液体，液体不再流出时，应使该管尖紧靠受器内壁一段时间，一级品为 15s，二级品为 3～5s，同时转动吸量管。②莫氏吸量管：总量刻度在尖端上，卸放液体时按刻度进行。

(3) 吸管的使用。①对于多刻度吸量管，有刻度到尖端的和不到尖端的，有读数是从上而下的，也有读数是从下而上的。使用时必须看清楚，以免发生差错。②执管时，要尽量拿上部，以食指堵住管口控制流量，刻度数字要向着自己。③不论使用哪一种吸量管，都应以食指堵住吸量管的小孔。当从液体中取出后，特别是吸取黏性大的液体时，必须先用滤纸将管的外壁擦干。泄放出需要的液体时，必须使管尖端轻轻触及受器的内壁。④吸取溶液时要把吸量管插入适当的深度，避免吸空而将溶液吸入口内。浓酸、浓碱、有毒物严禁用口吸取，应在管口装一橡皮球吸取溶液。⑤应根据不同的需要量选用适当的吸量管。例如吸取 1.5ml 溶液时，以选用 2ml 吸量管为宜，而 5ml 和 10ml 的均不适用。若以 1ml 的吸取两次，则误差机会增多也不适宜。⑥读数时，管应垂直背对光线，眼睛与凹月面应在同一水平面上。⑦吸管的洗涤：吸管用后，要以自来水冲洗数次。晾干后，以重铬酸钾-硫酸洗液浸泡 1h 以上。如果是放入大量筒中浸泡，要注意在筒下应垫有玻璃纤维，并将吸管的尖嘴朝上。尖嘴部分若碰破残缺，则吸量不准；上口碰破残缺，则流量不易控制。均不宜使用，因此要细心保管。

(4) 吸管的校正。首先以分析天平称出带盖称量瓶质量，然后取洁净干燥的吸管吸取蒸馏水至刻度处，将蒸馏水卸入称量瓶内，盖好盖再称其质量，由前后两次的称量值求出吸管中水的质量，重复称量 2～3 次取其平均值，再按水在校正温度下的密度求得其校正体积。

**5. 移液器**

1) 移液器的工作原理及分类

移液器的工作原理是活塞通过弹簧的伸缩运动来实现吸液和放液。在活塞推动下，排出部分空气，利用大气压吸入液体，再由活塞推动空气排出液体。使用移液器时，配合弹簧的伸缩性特点来操作，可以很好地控制移液的速度和力度。

按照工作原理分类，移液器又可分为内置式活塞移液器和外置式活塞移液器。按照通道的多少，可分为单通道移液器和多通道移液器。按照其自动化程度，可分为手动移液器和电子移液器。

2) 操作

(1) 设定移液体积。调节体积时需要调节旋钮，从小体积调节至大体积时，可先调整到大于设定容量值的 1/4 圈左右，再回调至设定体积，这样可排除机械间隙，保证最佳的精确度。从大体积调整至小体积时，刚好即可。

(2) 装配移液器吸头。选择连接适当的吸头，对于单道移液器，将移液器端垂直插入吸头，左右微微转动，上紧即可。多道移液器装配吸头时，将移液器的第一道对准第一个吸头，倾斜插入，前后稍许摇动上紧，吸头插入后略超过 O 形环即可。

(3) 吸液。将四指并拢握住移液器上部，拇指按下控制钮至第一档停止，吸头尖端需浸入液面以下，0.1～10$\mu$l 容量的移液器浸入液面下 1～2mm；2～200$\mu$l 容量的移液器浸入液面下 2～3mm；1～5ml 容量的移液器浸入液面下 3～6mm。控制好弹簧的伸缩速度，使控制钮缓慢回到原位。移液器移出液面前略等待 1～3s，1000$\mu$l 以下停顿 1s；5～10ml 停顿 3s。缓慢取出吸头，确保吸头外壁无残留液体。黏稠液体可以通过吸头预润洗的方式来达到精确移液，先吸入样液，打出，吸头内壁会吸附一层同质液膜，使表面吸附达到饱和，然后再吸入样液，最后打出液体的体积会很精确。在吸取有机溶剂或高挥发液体时，挥发性气体会在筒室内形成负压，从而产生漏液，这时也需要预润洗 3 次以上，让筒室内的气体达到饱和，使负压消失。

(4) 放液。放液时洗头尖端应抵在容器内壁上，保持 20°～40°倾斜，缓慢地将控制按钮压至第一档，并停顿 1～3s，黏性大的液体应延长停留时间。然后继续压至第二档，使残余液体流出，慢放控制钮。按压吸头弹射键除去吸头。

3) 注意事项

(1) 不可用移液器反复撞击吸头来上紧，长期这样操作，会导致移液器中的零部件因强烈撞击而松散，甚至会导致调节刻度的旋钮卡住。

(2) 吸液或排液速度不得过快，否则会影响准确度，特殊液体会产生气泡。对于大量程移液器来说，吸液速度过快会造成液体倒吸入套筒，腐蚀内部零部件。

(3) 吸嘴内含有未排出液体时不得将移液器平放于桌面，或倒置，否则吸嘴内的液体会回流入套筒内，造成活塞组件腐蚀。

(4) 吸液或者放液时要避免移液器碰触容器壁,否则容易造成污染。

(5) 移液器长时间不用时应将刻度调至最大量程,使弹簧恢复原样,以保证移液器的准确性,延长其使用寿命。

(6) 可使用肥皂液、洗洁精或 60% 的异丙醇来擦洗移液器外壳进行日常清洁,可使用 UV 照射对移液器进行灭菌处理,某些品牌型号移液器可进行高温高压灭菌处理。

(7) 在使用移液器前应首先检查其量程是否适合所量取液体的体积,在调整移液器体积时,最小体积不能小于移液器的最小量程,最大体积不能大于移液器的最大量程。

#### 6. 容量仪器的误差

目前我国生产的容量仪器,通常都符合规定的允许误差,在一般的生化分析工作(包括定性和定量实验)中使用,足够准确,不需要进行校准。但是只有在准确度要求很高的分析工作中,才需要根据专门的规定和方法,检验和校准所用量器的容积。一般容量仪器的容积都是在20℃下校准的。使用时如温度差异在 5℃以内,容积改变不大,可以忽略不计。

### (六) 离心机

在实验过程中,欲使沉淀与母液分开,有过滤和离心两种方法。在下述情况下,使用离心方法较为合适。

(1) 沉淀有黏性。

(2) 沉淀颗粒小,容易透过滤纸。

(3) 沉淀量过多而疏松。

(4) 沉淀量很少,需要定量测定。

(5) 母液黏稠。

(6) 母液量很少,分离时应减少损失。

(7) 沉淀和母液必须迅速分离。

(8) 一般胶体溶液。

离心机是利用离心力对混合溶液进行分离和沉淀的一种专用仪器。离心机的种类很多,但按照使用目的分类,可分为两类,即制备型离心机和分析型离心机。前者主要用于分离生物材料,每次分离样品的容量比较大;而后者则主要用于研究纯品大分子物质,包括某些颗粒体如核蛋白体等物质。每次分析的样品容量很少。一般的生化实验使用的离心机是制备型离心机。制备型离心机按其转速大小又可分为三类,普通离心机、高速离心机和超速离心机。普通离心机大多是一种室温下操作的仪器,其最大速度约 6000r/min,最大相对离心力(RCF)近 6000$g$。高速离心机的最大速度为 20 000～25 000r/min,离心力达 89 000$g$。超速离心机转速可高达 80 000r/min。离心力可达 602 000$g$。高速离心机和超速离心机一般都带有冷冻设备。在此只介绍生化实验室常使用的小型台式或落地式的普通离心机。离心机转数与相对离心力的换算见附图 2。

#### 1. 操作

(1) 使用前应先检查变速旋钮是否在"0"处。外套管应完整不漏,外套管底部需放有橡皮垫。

(2) 离心时先将待离物质转移到大小合适的离心管内,盛量不宜过多(占管的 2/3 体积),

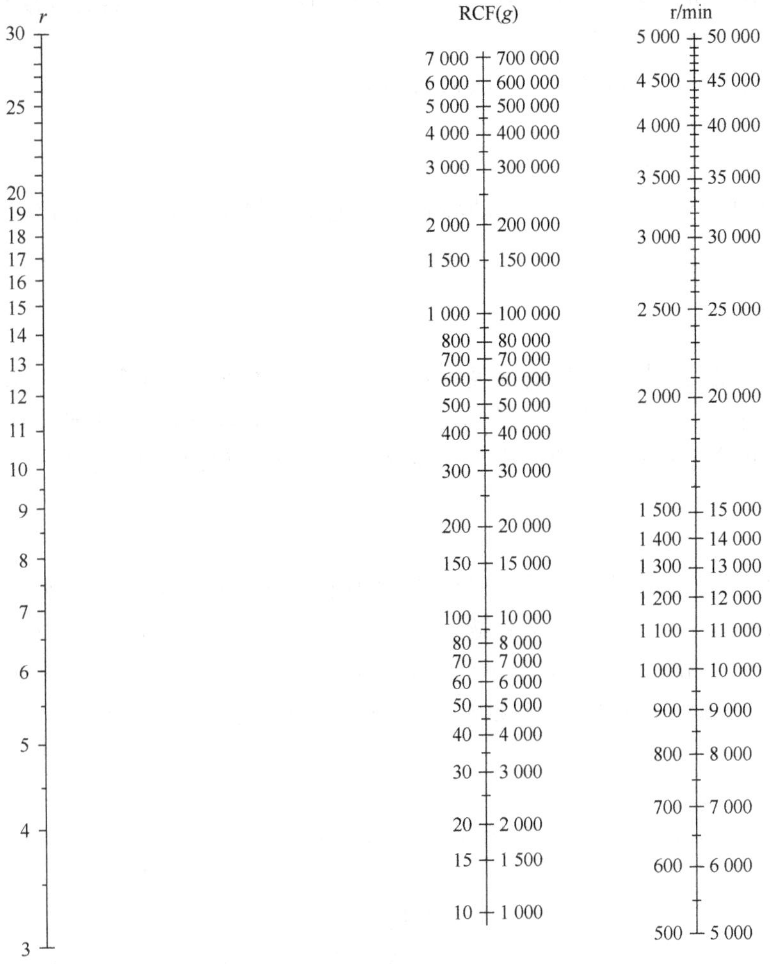


附图 2　离心机转数与离心力的列线图

以免溢出。将此离心管放入外套管，再在离心管与外套管间加入缓冲用水。

(3) 一对外套管(连同离心管)放在台秤上平衡，如不平衡，可调整离心管内容物的量或缓冲用水的量。每次离心操作，都必须严格遵守平衡的要求，否则将会损坏离心机部件，甚至造成严重事故，应该十分警惕。

(4) 将以上两个平衡好的套管，按对称方向放到离心机中，盖严离心机盖，并把不用离心套管取出。

(5) 开动时，先开电门，然后慢慢拨动旋钮，使速度逐渐增加。停止时，先将旋钮拨动到“0”，不继续使用时拔下插头，待离心机自动停止后，才能打开离心机盖并取出其样品。

(6) 用完后，将套管中的橡皮垫洗净，保管好。冲洗外套管，倒立放置使其干燥。

**2. 注意事项**

(1) 离心过程中，若听到特殊响声，应立即停止离心。如果管已破碎，将玻璃碴冲洗干净(玻璃碴不能倒入下水道)，然后换新管按上述操作重新离心。若管未破碎，也需要重新平衡后再离心。

(2) 有机溶剂和酚等会腐蚀塑料套管,盐溶液会腐蚀金属套管。若有渗漏现象,必须及时擦洗干净漏出的溶液,并更换套管。

(3) 避免连续使用时间过长。一般大离心机用 40min 休息 20～30min,台式小离心机用 40min 休息 10min。

(4) 电源电压应与离心机所需要的电压一致,才能通电使用。

(5) 一年应检查一次离心机内电动离心机的电刷与整流子磨损情况,严重时更换电刷或轴承。

## (七) 分光光度计

分光光度法是利用物质所特有的吸收光谱来鉴别物质或测定其含量的技术。因为分光光度法极为灵敏、精确、快速和简便,在复杂组分的系统中,不需要分离,即能检查其中所含的极少量物质。因此分光光度法目前已成为生物化学研究中广泛使用的方法之一。

### 1. 原理

如果用加热、放电、射线照射等方法来激发物质,可使物质发光。物质所发射的光是据有电磁本质的物质,它即有波动性,又有微粒性。光波和其他波一样,具有一定的频率($\nu$)。不同单色光的颜色不同,就是因为其频率不同。但不同频率的光在真空中的传播速度($c$)相同,都是 $3\times10^8$m/s。根据光的速度($c$)和频率($\nu$)可以计算出它的波长($\lambda$),即

$$\lambda=\frac{c}{\nu}$$

人眼可见的光只占电磁波谱的很小一部分,其波长范围是为 400～760nm。在可见光以外,是人眼感觉不到的光波。如紫外光区,其波长为 200～400nm。波长低于 200nm 者叫远紫外光,波长再低者叫 X 射线、$\gamma$ 射线;相反,波长大于 760nm 者叫近红外光、红外光、远红外光。电磁波按频率大小,从频率最小的无线电波到频率最高的 $\gamma$ 射线,排成一列,即组成电磁波的波谱。在生化实验中常用分光光度计的光谱范围,包括 400～760nm 的可见光区和 200～400nm 的紫外光区。

钨灯光源所发出的光通过三棱镜折射后,在另一面的屏幕上可得到由红、橙、黄、绿、蓝、靛、紫组成的连续色谱。这个色谱就是钨灯的发射光谱。各种不同的光源都有其特有的发射光谱,因此可采用不同的发光体作为仪器的光源。如钨灯能发出 400～760nm 波长的光谱,可作为可见光分光光度计的光源。氢灯能发出 185～400nm 波长的光谱,可作为紫外分光光度计的光源。

如果在光源和棱镜之间放上某种物质的溶液,此时在屏幕上所显示的光谱已不再是光源的光谱,它出现了几条暗线。即光源发射光谱中某些波长的光因溶液吸收而消失。这种被溶液吸收后的光谱称为该溶液的吸收光谱。不同物质的吸收光谱是不同的。因此根据吸收光谱,可以鉴别溶液中所含的物质。

分子中的每个电子往往处于基态,但在一定条件下,它们可以获得能量,上升为激发态。为了使它们从基态跃迁到激发态,必须吸收一个恰好等于跃迁所需能量的量子来增加电子的能量。所以当光线穿过这一物质时,某些量子化的能即传递给该物质,使它的电子提升到较高的能级状态。同样,当激发态的电子回到基态时,它发射出特征波长的辐射。能量与频率的关系式如下:

$$E=E_1-E_2=h\nu$$

式中，$E$ 为分子吸收或发射的辐射能；$E_1$ 为电子在起始能级的能量；$E_2$ 为电子在最终能级的能量；$h$ 为普朗克常数，$h=6.63\times10^{-27}$ erg① · s。

当光线通过某种物质的溶液时，透过的光的强度减弱。因为有一部分光在溶液的表面反射或分散，一部分光被组成此溶液的物质所吸收，只有一部分光可透过溶液：

入射光＝反射光＋分散光＋吸收光＋透射光

如果用蒸馏水（或组成此溶液的溶剂）作为“空白”去校正反射、分散等因素造成的入射光的损失，则

入射光＝吸收光＋透射光

$I_0$＝经过空白校正后入射光的强度

$I$＝透射光的强度

根据实验得

$$I=I_0\cdot10^{-\varepsilon cl}$$

式中，$c$ 为吸收物质的摩尔浓度；$l$ 为吸收物质的光径(cm)；$\varepsilon$ 表示吸收物质的摩尔消光系数，它表示物质对光的吸收特性，不同物质的 $\varepsilon$ 数值不同。

所以

$$\frac{I}{I_0}=10^{-\varepsilon cl}$$

令 $T$(透光率)$=\frac{I}{I_0}$，所以 $T=10^{-\varepsilon cl}$

有上式可得

$$\lg\frac{1}{T}=\varepsilon cl$$

$\lg\frac{1}{T}$称为物质的消光值($E$)或光吸收值($A$)，所以 $E=\varepsilon cl$。

上式说明了物质的光吸收与吸收物质的浓度和液层的厚度成正比。这就是 Beer-Lambert 定律。用于可见光及紫外光区域的吸收光谱仪，通常叫做分光光度计。用于红外光区域的吸收光谱仪，简称为红外光谱仪。

## 2. 国产 722 型分光光度计和 752 型分光光度计的使用

1) 722 型光栅分光光度计

722 型光栅分光光度计能在近紫外、可见光谱区内对样品物质作定性或定量的分析。

A. 仪器的工作环境

(1) 该仪器安放在干燥的房间内，使用温度为 5～35℃。

(2) 使用时放置在坚固平衡的工作台上，且避免强烈振动或持续振动。

(3) 室内照明不宜太强，且避免直射日光的照射。

(4) 电扇不宜直接向仪器吹风，以免影响仪器的正常使用。

(5) 尽量远离高强度的磁场、电场及发生高频波的电器设备。

---

① 1erg=$10^{-7}$J。

(6) 避免在硫化氢、亚硫酸、氟化氢等腐蚀性气体场所使用。

B. 仪器的主要技术指标及规格

(1) 光学系统：单光速、衍射光栅。

(2) 波长范围：330～800nm。

(3) 光源：钨卤素灯(12V，30W)。

(4) 接收元件：端窗式 GD-31 光电管。

(5) 波长精度：±2nm。

(6) 波长重现性：0.5nm。

(7) 光谱带宽：6nm。

(8) 杂散光：1%(*T*)(在 360nm 处)。

(9) 透光度测量范围：0～100%。

(10) 吸光度测量范围：0～1.999(*A*)。

(11) 浓度直读范围：0～1999。

(12) 光度精度：透光度线性精度±0.5%(*T*)。吸光度精度 ±0.004(*A*) [在 0.5(*A*)处]。

(13) 透光度重现性 0.5%(*T*)。

C. 操作方法

(1) 使用仪器前，使用者应该首先了解本仪器的结构和工作原理，以及各个操作旋钮的功能。在未接通电源前，应该对仪器进行检查，电源线接线应该牢固，通地要良好，各个调节旋钮的起始位置应正确，然后再接通电源开关。

(2) 将灵敏度旋钮调置“1”档(放大倍数最小)。

(3) 开启电源，指示灯亮，选择开关置于“T”，波长调置测试用波长。仪器预热 20min。

(4) 打开试样室盖(光门自动关闭)，调节“0”旋钮，使数字显示为“00.0”，盖上试样室盖，将比色皿架处于蒸馏水校正位置，使光电管受光，调节透过率“100%”旋钮，使数字显示“100.0”。

(5) 如果显示不到“100.0”，则可适当增加微电流放大器的倍率档数，但尽可能倍率置低档使用，这样仪器将有更高的稳定性。但改变的倍率后必须按(4)重新校正“0”和“100%”。

(6) 预热后，按(4)连续几次调整“0”和“100%”，仪器即可进行测定工作。

(7) 吸光度 *A* 的测量：按(4)调整“0”和“100%”后，将选择开关置于“A”，调节吸光度调零旋钮，使数字显示为“.000”，然后将被测样品移入光路，显示值即为被测样品的吸光度的值。

(8) 浓度 *C* 的测量：按选择开关由“A”旋置“C”，将已标定浓度的样品放入光路，调节浓度旋钮，使得数字显示为标定值，将被测样品放入光路，即可读出被测样品浓度值。

(9) 如果大幅度改变测试波长时，在调整“0”和“100%”后稍等片刻(因光能量变化急剧，光电管受光后响应缓慢，需一段光响应平衡时间)，当稳定后，重新调整“0”和“100%”即可工作。

(10) 每台仪器所配套的比色皿，不能与其他仪器上的比色皿单个调换。

(11) 仪器数字后盖，有信号输出 0～1000mV，插座 1 脚为正，1 脚为负接地线。

D. 注意事项

(1) 分光光度计必须放在固定而不受震动的仪器台上，不能随意搬动。严防震动、潮湿和阳光直射。

(2) 盛待测溶液时，必须达到比色杯 2/3 左右不宜过多。若不慎使溶液流出比色杯外面，必须先用滤纸吸干，再用擦镜纸擦净才能放入比色槽内。移动比色槽要轻，以防溶液溅出，腐蚀机件。

(3) 千万不可用手、滤纸、毛刷等物摩擦比色杯的光滑面。

(4) 用完比色杯应立即用自来水冲洗，再用蒸馏水洗净。若上法洗不净时，用5%的中性皂溶液或洗衣粉稀溶液浸泡，也可用新配制重铬酸钾-硫酸洗液短时间浸泡，立即用水冲洗干净。洗涤后可将比色杯倒置晾干或用滤纸将水分吸去，再用擦镜纸轻轻擦干。

(5) 一般所配制的溶液浓度尽量使光吸收值在0.1～0.7内进行测定。这样所测得的读数误差较小。如光吸收值超出0.1～1.0，可调整比色液浓度，适当稀释或加浓，使其在仪器准确度较高的范围内进行比色。

(6) 测定其未知待测液时，先制作该溶液的吸收光谱曲线。每次读数后将空白杯推入光路，检流计指针仍位于透光率"100%"，则读数有效。

(7) 放大灵敏度档的选择是根据不同的单色光波长，光能量不一致时分别选用。各档的灵敏度范围是：第一档×1倍，第二档×10倍，第三档×20倍。原则是能使空白档良好地用光量调节器调整于100%处。

(8) 仪器连续使用时间不应超过2h，每次使用后需要间歇半小时以上才能再用。

(9) 每套分光光度计上的比色槽不得随意更换。

(10) 分光光度计内放有硅胶干燥袋，需定期更换。

2) 752型光栅分光光度计

752型光栅分光光度计能在紫外、可见光谱区域内对不同物质作定性或定量分析。

A. 仪器的工作环境

供给仪器的电源为220V±10%，49.5～50Hz，并必须装有良好的接地线。推荐使用交流稳压电源，以加强仪器的抗干扰性能。使用功率为100W以上的电子交流稳压器或交流恒压稳压器。其他同722型分光光度计。

B. 仪器的主要技术指标及规格

(1) 光学系统：单光速、衍射光栅。

(2) 波长范围：200～850nm。

(3) 光源：钨卤素灯(12V，30W)，$QD_4$型氢弧灯。

(4) 接收元件：端窗式GD-33光电管。

(5) 波长精度：±2nm。

(6) 波长重现性：0.5nm。

(7) 光谱带宽：6nm。

(8) 杂散光：1% ($T$)(在220nm处)。

(9) 透光度测量范围：0～100%。

(10) 吸光度测量范围：0～1.999($A$)。

(11) 浓度直读范围：0～2000。

(12) 光度精度：透光度线性精度±0.5%($T$)。吸光度精度 ±0.004($A$)[在0.5($A$)处]。

(13) 透光度重现性0.5%($T$)。

C. 操作方法

(1) 将灵敏度旋钮调置"1"档(放大倍数最小)。

(2) 按"电源"开关，(开头内2只指示灯亮)。钨灯点亮；按"氢灯"开关(开关内左侧指示灯亮)；氢灯电源接通，再按“氢灯触发”按钮(开关内右侧指示灯亮)；氢灯点亮。仪器预热 20min。

(3) 选择开关置于“T”。

(4) 打开试样室盖(光门自动关闭)，调节“0%”($T$)旋扭，使数字显示字为“000.0”。

(5) 将波长置于所需要测的波长。

(6) 将装有溶液的比色皿放置比色皿架中(注意：波长在 360nm 以上时，可以用玻璃比色皿；波长在 360nm 以下时，要用石英比色皿)。

(7) 盖上样品室盖，将参比溶液比色皿置于光路，调节透过率“100%”旋钮，使数字显示为“100.0%”($T$)，如果显示不到“100.0%”($T$)，则可适当增加灵敏度的档数，同时应重复(4)，调整仪器的“000.0”。

(8) 将被测溶液置于光路中，数字显示器上直接读出被测溶液的透过率($T$)值。

(9) 吸光度 $A$ 的测量：参照“(4)”和“(7)”，调整仪器的“000.0”和“100.0”。将选择开关置于“A”，调节吸光度调零旋钮，使数字显示为“000.0”，然后将被测样品移入光路，显示值即为被测样品的吸光度的值。

(10) 浓度 $C$ 的测量：按选择开关由“A”旋置“C”，将已标定浓度的样品放入光路，调节浓度旋钮，使得数字显示为标定值，将被测样品放入光路，即可读出被测样品浓度值。

(11) 如果大幅度改变测试波长时，需等数分钟后，才能正常工作(因波长由长波向短波或短波向长波移动时，光能量变化急剧，光电管受光后响应缓慢，需一段光响应平衡时间)。

(12) 每台仪器所配套的比色皿，不能与其他仪器上的比色皿单个调换。

(13) 仪器数字后盖，有信号输出 0～1000mV，插座 1 脚为正，1 脚为负接地线。

D. 注意事项

同 722 型光栅分光光度计。

## (八) PCR 仪

### 1. 原理与分类

PCR 仪是进行 DNA 聚合酶链反应(PCR)的仪器，其工作的关键是对温度的控制，能够进行快速准确的温度变化以保证 PCR 的顺利进行。根据 PCR 目的和检测标准的不同，PCR 仪主要分为四种：普通 PCR 仪、梯度 PCR 仪、原位 PCR 仪和实时荧光定量 PCR 仪。普通 PCR 仪的一次 PCR 扩增只可运行一个特定退火温度，梯度 PCR 仪可以设置一系列梯度退火温度条件。通过一次 PCR 扩增，就可筛选出表达量高的最适退火温度，进行有效扩增。主要用于研究未知退火温度的 DNA 扩增，这样可节约时间，不设置梯度的情况下也可以用做普通 PCR 扩增。原位 PCR 仪主要用于从细胞内靶 DNA 的定位分析的细胞内进行基因扩增，不但可以检测到靶基因，又能对靶序列进行细胞内定位。实时荧光定量 PCR 仪是在普通 PCR 仪的基础上，增加荧光信号采集系统和计算机分析处理系统，可实时检测其 PCR 扩增过程。

### 2. 操作

不用型号和品牌的 PCR 仪操作方法稍有不同，在此介绍普通 PCR 仪的一般操作方法。

(1) 开机：连通电源，打开开关，等待视窗上显示“SELF TEST(自检)”，10s 后仪器完成自检，显示主菜单，主要包括 RUN(运行)、EDIT(编辑)ENTER(进入)和 PROGRAM(程序) 等选项。

(2) 放置反应样本:打开机盖(小心机盖锁),平稳端正的置入反应管样本,盖上机盖,如需要加热盖则把热盖降下,使其刚好压住内部反应管盖。

(3) 设置:利用控制面板设置执行程序,可建立一个新的程序,也可编辑已有的程序,设置或修改程序中的温度、时间、循环数等参数。

(4) 运行:确认设置程序无误后,在菜单的 RUN(运行)选项中找到已设置或修改好的程序名,按 START(开始)键运行程序。

(5) 结束:待反应完成后,按 STOP(停止)键,先抬起热盖,打开机盖,取出反应管。待风机停止工作,关闭电源。

**3. 注意事项**

(1) 使用 PCR 仪时要严格注意仪器的使用环境条件,温度不能过高或过低,电源电压要稳定。

(2) 打开 PCR 仪机盖开关要轻,防止损坏盖锁。

(3) 反应结束后要及时取出样品,关机。

(九) 凝胶自动成像仪

主要介绍 Tanon 系列数码凝胶图像处理系统。

**1. 用途**

Tanon 系列数码凝胶图像处理系统有助于研究人员正确、迅速地得到电泳照片和分析结果。帮助广大从事分子生物学和医院临床检验的研究人员摆脱繁琐操作过程,提高工作效率。应用于 DNA/RNA 电泳凝胶(EB 染色)、蛋白质电泳胶、斑点杂交等方面分析。

**2. 原理**

Tanon 系列数码凝胶图像处理系统把图像摄录、处理、打印一体化。采用高分辨率数码采集硬件(数码相机、CCD、COOL 等),使得高质量、高清晰度凝胶图像的获取得到保证。采用高科技手段的系统硬件配置,全自动电脑控制,高度程序化,保证摄录凝胶图像在低照度下的灵敏度,不掉失条带。最大限度地控制 EB 污染,有效保障实验操作人员的健康。

**3. 操作方法**

(1) 打开仪器电源。

(2) 打开机箱门。

(3) 将完成电泳的胶平置于透照平台上,关上机箱门。

(4) 打开相应的透射或反射光源。

(5) 调节镜头的光圈、变焦、焦距,使所拍摄的实验结果达到最佳,按电脑桌面上的拍摄键,拍下实验结果的图片,并保存至所需的文件夹内。

(6) 退出拍摄界面。

(7) 再次打开机箱门,取出电泳胶,并清洁透照平台。

(8) 关闭仪器电源。

(9) 如需对实验结果进行进一步分析,可打开分析软件进行。

**4. 注意事项**

(1) 紫外线对人体有损伤,肉眼在无防护状态下请勿直接观察。

(2) 透照平台在密闭的箱体内,拍摄完毕后请关闭相应的光源开关,以免造成仪器损坏。

(3) 拍摄完毕后,需清洁透照平台表面,以免高盐缓冲液干后造成透照平台表面形成不易去除的污迹,影响以后的图像效果。

# 四、试剂的配制

## (一) 一般注意事项

(1) 称量要精确,特别是在配制标准溶液、缓冲液时,更应注意严格称量。有特殊要求的,要按规定进行干燥、提纯等。

(2) 一般溶液都应用蒸馏水或无离子水(即离子交换水)配制,有特殊要求的除外。

(3) 化学试剂根据其质量分为各种规格(品级),一般化学试剂的分级见附表1。另外还有一些规格,如纯度很高的光谱纯、层析纯,纯度较低的工业用,药典纯(相当于四级)等。配制溶液时,应根据实验要求选择不同规格的试剂。

**附表1　一般化学试剂的分级**

| 标准和用途 | 一级试剂 | 二级试剂 | 三级试剂 | 四级试剂 | 生物试剂 |
|---|---|---|---|---|---|
| 我国标准 | 保证试剂 G. R.<br>绿色标签 | 分析纯 A. R.<br>红色标签 | 化学剂 C. P.<br>蓝色标签 | 化学用 L. R. | B. R. 或 C. R. |
| 国外标准 | A. R.<br>G. R.<br>A. C. S.<br>P. A. | C. P.<br>P. U. S. S.<br>Puriss. | L. R.<br>E. P. | P.<br>Pure | |
| 用途 | 纯度最高,杂质最少,适于精确分析和研究工作 | 纯度较高,杂质较少,适于实验室微量分析和研究工作 | 适于一般的微量分析和要求不高的分析和研究工作 | 纯度较低,适用于一般定性检验 | |

(4) 试剂应根据需要量配制,一般不宜过多,以免积压浪费,过期失效。

(5) 试剂(特别是液体)一经取出,不得放回原瓶。以免因量器或药勺不清洁而沾污整瓶试剂。取固体试剂时,必须使用洁净干燥的药勺。

(6) 配制试剂所用的玻璃器皿,都要清洁干净。存放试剂的试剂瓶应清洁干燥。

(7) 试剂瓶上应贴标签。写明试剂名称、浓度、配制日期及配制人。

(8) 试剂用后要用原瓶塞塞紧,瓶塞不得沾染其他污物或沾污桌面。

(9) 有些化学试剂极易变质,变质后不能继续使用。易变质和需用特殊方法保存的常用试剂见附表2。需要密封的化学试剂,可以先加塞塞紧,然后再用蜡封口。有的平时还需要保存在干燥器内,干燥剂可以用生石灰、无水氯化钙和硅胶,一般不宜用硫酸。需要避光保存的试剂,可置于棕色瓶内或用黑纸包装。

**附表 2　需特殊方法保存的试剂**

| 注意事项 | | 试剂名称举例 |
|---|---|---|
| 需要密封 | 易潮解吸湿 | 氧化钙、氢氧化钠、氢氧化钾、碘化钾、三氯乙酸 |
| | 易失水风化 | 结晶硫酸钠、硫酸亚铁、含水磷酸氢二钠、硫代硫酸钠 |
| | 易挥发 | 氨水、氯仿、醚、碘、麝香草酚、甲醛、乙醇、丙酮 |
| | 易吸收 $CO_2$ | 氢氧化钾、氢氧化钠 |
| | 易氧化 | 硫酸亚铁、醚、醛类、酚、抗坏血酸和一切还原剂 |
| | 易变质 | 丙酮酸钠、乙醚和许多生物制品(常需冷藏) |
| 需要避光 | 见光变色 | 硝酸银(变黑)、酚(变淡红)、氯仿(产生光气) |
| | 见光分解 | 过氧化氢、氯仿、漂白粉、氢氰酸 |
| | 见光氧化 | 乙醚、醛类、亚铁盐和一切还原剂 |
| 特殊方法保管 | 易爆炸 | 苦味酸、硝酸盐类、过氯酸、叠氮化钠 |
| | 剧毒 | 氰化钾(钠)、汞、砷化物、溴 |
| | 易燃 | 乙醚、甲醇、乙醇、丙酮、苯、二甲苯、汽油 |
| | 腐蚀 | 强酸、强碱 |

## (二) 溶液浓度的配制

### 1. 百分浓度(%)

1) 质量与质量百分浓度

质量与质量百分浓度(%,$m/m$)即每 100g 溶液中所含溶质的克数。

$$溶质(g)+溶剂(g)=100(g)溶液$$

通常某溶液的浓度用百分浓度(%)表示时,指的就是质量百分浓度。试剂厂生产的液体酸碱,常以此法表示。

配制质量百分浓度溶液时有以下两种情况。

A. 溶质是固体

$$称取溶质的克数=需配制溶液的总质量\times需配制溶液的浓度$$

$$需用溶剂的克数=需配制溶液的总质量-称取溶质的克数$$

例如,配制 10%氢氧化钠溶液 200g

$$200g\times0.10=20g(溶质的质量)$$

$$200g-20g=180g(溶剂的质量)$$

称取 20g 氢氧化钠加 180g 水溶解即可。

B. 溶质是液体

$$应量取溶质的体积=\frac{需配制溶液总质量}{溶质的密度\times溶质的百分浓度}\times需配制溶液浓度$$

$$需用溶剂的克数(或体积)=需配制溶液总质量-(需配制溶液总质量\times需配制溶液的浓度)$$

例如,配制 20%硝酸溶液 500g(浓硝酸的浓度为 90%,相对密度为 1.49)。

$$\frac{500}{1.49\times0.9}\times0.2=74.57(ml)$$

$$500-(500\times 0.2)=400(\text{ml})$$

量取 400ml 水，加入 74.57ml 浓硝酸混匀即可。

2）质量与体积百分浓度

质量与体积百分浓度（%，$m/V$）即每 100ml 溶液中所含溶质的克数。在实验中，有时按照这种表示法配制百分浓度的溶液。例如，配制 1.0%氢氧化钠溶液时，称取 1.0g 氢氧化钠，用水溶解，稀释到 100ml。一般常用于配制溶质为固体的稀溶液。

3）体积与体积百分浓度

体积与体积百分浓度（%，$V/V$）即每 100ml 溶液中含溶质的毫升数。一般用于配制溶质为液体的溶液，如各种浓度的乙醇溶液。

**2. 摩尔浓度**

摩尔浓度（mol/L）一般指的是体积摩尔浓度，即在 1L（溶剂加溶质）溶液中含有溶质的摩尔数。若在 1L 溶液中含有 2mol 的溶质，其浓度为 2mol/L。

$$\text{摩尔浓度}=\frac{\text{溶质的质量(g)}}{\text{溶质的分子质量}}\ \text{（溶解后定容至 1000ml）}$$

计算公式：称取溶质的克数＝需配溶液的摩尔浓度×溶质的分子质量×需配制溶液的毫升数/1000。

例如，配制 2mol/L 碳酸钠溶液 500ml（$Na_2CO_3$的相对分子质量为 106）。

$$2\times 106\times 500/1000=106(\text{g})$$

将 106g 无水碳酸钠溶解后，在容量瓶中稀释至 500ml。

如果以 1000g 溶剂中含有溶质的摩尔数表示溶液的浓度，则得质量摩尔浓度。其计算方法与前者类似。由于质量摩尔浓度的溶液中溶质和溶剂是以质量计算的，因此不受温度的影响。

**3. 溶液浓度的调整**

1）浓溶液稀释法

从浓溶液稀释成稀溶液可根据浓度与体积成反比的原理进行计算：

$$C_1\times V_1=C_2\times V_2$$

式中，$V_1$为浓溶液体积；$C_1$为浓溶液浓度；$V_2$为稀溶液体积；$C_2$为稀溶液浓度。

另外，还可以采用交叉法进行稀释，方法如下。

设浓溶液的浓度为 $a$，稀溶液的浓度为 $b$，要求配制的溶液浓度为 $c$。

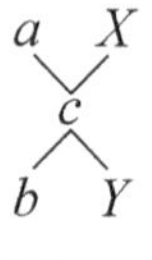


$c-b=X$　　为 $a$ 所需要的体积

$a-c=Y$　　为 $b$ 所需要的体积

2）稀溶液浓度的调整

同样按照溶液的浓度与体积成反比的原理，或利用交叉法进行计算。

$$C\times(V_1+V_2)=C_2\times V_2+C_1\times V_1$$

式中，$C$ 为所需要溶液浓度；$C_1$为浓溶液的浓度；$V_1$为浓溶液的体积；$C_2$为稀溶液的浓度；$V_2$为稀溶液的体积。

3）溶液浓度互换公式

$$质量百分浓度(\%)=\frac{摩尔浓度\times分子质量}{溶液体积\times密度}$$

$$摩尔浓度(mol/L)=\frac{质量百分浓度\times溶液体积\times密度}{分子质量}$$

## （三）常用缓冲液的配制

由一定物质所组成的溶液，在加入一定量的酸或碱时，其氢离子浓度改变甚微或几乎不变，此种溶液称为缓冲液，这种作用称为缓冲作用，其溶液内所含物质称为缓冲剂。缓冲剂的组成多为弱酸及这种弱酸与强碱所组成的盐，或弱碱及这种弱碱与强酸所组成的盐。调节二者的比例可以配制成各种 pH 的缓冲液。

例如，某一缓冲液由弱酸（HA）及其盐（BA）所组成，它的解离方程式

$$HA \rightleftharpoons H^+ + A \qquad BA \rightleftharpoons B^+ + A$$

若向缓冲液中加入碱（NaOH），则

$$HA + NaOH \longrightarrow \underset{弱酸盐}{NaA} + H_2O$$

若向缓冲液中加入酸（HCl），则

$$BA + HCl \longrightarrow BCl + \underset{弱酸}{HA}$$

由此可见，向缓冲液中加酸或加碱，主要的变化就是溶液内弱酸（HA）的增加或减少。由于弱酸（HA）的解离度很小，因此它的增加或减少对溶液内氢离子浓度改变不大，因而起到缓冲作用。

例 1：乙酸钠（以 NaAc 表示）与乙酸（以 HAc 表示）缓冲液加入盐酸溶液，其缓冲作用为

$$HAc + NaAc + HCl \longrightarrow 2HAc + NaCl$$

加入氢氧化钠溶液，其缓冲作用为

$$HAc + NaAc + NaOH \longrightarrow 2NaAc + H_2O$$

例 2：磷酸钠与酸性磷酸钠缓冲液。

加入盐酸溶液，其缓冲作用为

$$Na_2PO_4 + Na_2HPO_4 + HCl \longrightarrow 2NaH_2PO_4 + NaCl$$

加入氢氧化钠溶液，其缓冲作用为

$$Na_2HPO_4 + Na_2PO_4 + NaOH \longrightarrow 2Na_2PO_4 + H_2O$$

生物实验室中常用的某些缓冲液列在下表中。绝大多数缓冲液的有效范围约在其 $pK_a$ 值的 1 个 pH 单位左右。

| 酸或碱 | $pK_{a1}$ | $pK_{a2}$ | $pK_{a3}$ |
|---|---|---|---|
| 磷酸 | 2.1 | 7.2 | 12.3 |
| 柠檬酸 | 3.1 | 4.8 | 5.4 |

续表

| 酸或碱 | $pK_{a1}$ | $pK_{a2}$ | $pK_{a3}$ |
|---|---|---|---|
| 碳酸 | 6.4 | 10.3 | — |
| 乙酸 | 4.8 | — | — |
| 巴比妥酸 | 3.4 | — | — |
| Tris(三羟甲基氨基甲烷) | 8.3 | — | — |

选择实验的缓冲液系统时，要特别慎重。因为影响实验结果的因素有时并不是缓冲液的pH，而是缓冲液中的某种离子。选用下列缓冲液系统时应加以注意。

(1) 硼酸盐这个化合物能与许多化合物(如糖)生成复合物。

(2) 柠檬酸盐柠檬酸离子能与钙离子结合，因此不能在 $Ca^{2+}$ 存在时使用。

(3) 磷酸盐它可能在一些实验中作为酸的抑制剂甚至与代谢物起作用。金属离子能与此溶液生成磷酸盐沉淀，而且它在 pH7.5 以上的缓冲能力很小。

(4) Tris 这个缓冲液能在重金属离子存在时使用，但也可能在一些系统中起抑制剂的作用。它的主要缺点是温度效应(此点常被忽视)。室温时 pH7.8 的缓冲液在 4℃时的 pH 为 8.4，在 37℃时为 7.4。

因此一种物质在 4℃制备时到 37℃测量时其氢离子浓度可增加 10 倍之多。Tris 在 pH7.5以下的缓冲能力很弱。

**1. 乙酸-乙酸钠缓冲液** (0.2mol/L，pH3.6～5.8)

| pH (18℃) | 0.2mol/L NaAc /ml | 0.2mol/L HAc /ml | pH (18℃) | 0.2mol/L NaAc /ml | 0.2mol/L HAc /ml |
|---|---|---|---|---|---|
| 3.6 | 0.75 | 9.25 | 4.8 | 5.90 | 4.10 |
| 3.8 | 1.20 | 8.80 | 5.0 | 7.00 | 3.00 |
| 4.0 | 1.80 | 8.20 | 5.2 | 7.90 | 2.10 |
| 4.2 | 2.65 | 7.35 | 5.4 | 8.60 | 1.40 |
| 4.4 | 3.70 | 6.30 | 5.6 | 9.10 | 0.90 |
| 4.6 | 4.90 | 5.10 | 5.8 | 9.40 | 0.60 |

注：$NaAc \cdot 3H_2O$ 相对分子质量=136.09；0.2mol/L $NaAc \cdot 3H_2O$ 溶液含 27.22g $NaAc \cdot 3H_2O$/L。
HAc 相对分子质量=60.05；0.2mol/L HAc 溶液含 10ml HAc/L。

**2. Tris-盐酸缓冲液**(0.05mol/L，pH7.0～9.0)

$X$ml 0.2mol/L Tris+$Y$ml 0.1mol/L HCl，加水至 100ml。

| pH | | 0.2mol/L Tris | 0.1mol/L HCl | pH | | 0.2mol/L Tris | 0.1mol/L HCl |
|---|---|---|---|---|---|---|---|
| 23℃ | 37℃ | /ml | /ml | 23℃ | 37℃ | /ml | /ml |
| 9.10 | 8.95 | 25 | 5.0 | 8.74 | 8.60 | 25 | 10.0 |
| 8.92 | 8.78 | 25 | 7.5 | 8.62 | 8.48 | 25 | 12.5 |

续表

| pH | | 0.2mol/L Tris | 0.1mol/L HCl | pH | | 0.2mol/L Tris | 0.1mol/L HCl |
|---|---|---|---|---|---|---|---|
| 23℃ | 37℃ | /ml | /ml | 23℃ | 37℃ | /ml | /ml |
| 8.50 | 8.37 | 25 | 15.0 | 7.87 | 7.73 | 25 | 32.5 |
| 8.40 | 8.27 | 25 | 17.5 | 7.77 | 7.63 | 25 | 35.0 |
| 8.32 | 8.18 | 25 | 20.0 | 7.66 | 7.52 | 25 | 37.5 |
| 8.23 | 8.10 | 25 | 22.5 | 7.54 | 7.40 | 25 | 40.0 |
| 8.14 | 8.00 | 25 | 25.0 | 7.36 | 7.22 | 25 | 42.5 |
| 8.05 | 7.90 | 25 | 27.5 | 7.20 | 7.05 | 25 | 45.0 |
| 7.96 | 7.82 | 25 | 30.0 | | | | |

注：Tris(三羟甲基氨基甲烷)相对分子质量＝121.14；0.2mol/L Tris溶液含24.23g Tris/L。

### 3. 硼砂-硼酸缓冲液（0.2mol/L 硼酸盐，pH7.4～9.0）

| pH | 0.05mol/L 硼砂 /ml | 0.2mol/L 硼酸 /ml | pH | 0.05mol/L 硼砂 /ml | 0.2mol/L HAc /ml |
|---|---|---|---|---|---|
| 7.4 | 1.0 | 9.0 | 8.2 | 3.5 | 6.5 |
| 7.6 | 1.5 | 8.5 | 8.4 | 4.5 | 5.5 |
| 7.8 | 2.0 | 8.0 | 8.7 | 6.0 | 4.0 |
| 8.0 | 3.0 | 7.0 | 9.0 | 8.0 | 2.0 |

注：硼砂($Na_2B_4O_7 \cdot 10H_2O$)相对分子质量＝381.43；0.05mol/L 硼砂溶液含19.07g 硼砂/L。

硼酸($H_3BO_2$)相对分子质量＝61.84；0.2mol/L 硼砂溶液含12.37g 硼砂/L。硼砂的结晶水易丧失，故保存时必须置带塞的瓶中。

### 4. 甘氨酸-氢氧化钠缓冲液（0.05mol/L，pH8.6～10.6）

*X*ml 0.2mol/L 甘氨酸＋*Y*ml 0.2mol/L NaOH，加水至200ml。

| pH | 0.2mol/L 甘氨酸 /ml | 0.2mol/L NaOH /ml | pH | 0.2mol/L 甘氨酸 /ml | 0.2mol/L NaOH /ml |
|---|---|---|---|---|---|
| 8.6 | 50 | 4.0 | 9.6 | 50 | 22.4 |
| 8.8 | 50 | 6.0 | 9.8 | 50 | 27.2 |
| 9.0 | 50 | 8.8 | 10.0 | 50 | 32.6 |
| 9.2 | 50 | 12.0 | 10.4 | 50 | 38.5 |
| 9.4 | 50 | 16.8 | 10.6 | 50 | 45.5 |

注：甘氨酸相对分子质量＝75.07；0.2mol/L 甘氨酸溶液含15.01g 甘氨酸/L。

**5. 巴比妥钠-盐酸缓冲液**（pH6.8～9.6）

| pH（18℃） | 0.04mol/L 巴比妥钠/ml | 0.2mol/L HCl/ml | pH（18℃） | 0.04mol/L 巴比妥钠/ml | 0.2mol/L HCl/ml |
|---|---|---|---|---|---|
| 6.8 | 100 | 18.4 | 8.4 | 100 | 5.21 |
| 7.0 | 100 | 17.8 | 8.6 | 100 | 3.82 |
| 7.2 | 100 | 16.7 | 8.8 | 100 | 2.52 |
| 7.4 | 100 | 15.3 | 9.0 | 100 | 1.65 |
| 7.6 | 100 | 13.4 | 9.2 | 100 | 1.13 |
| 7.8 | 100 | 11.47 | 9.4 | 100 | 0.70 |
| 8.0 | 100 | 9.39 | 9.6 | 100 | 0.35 |
| 8.2 | 100 | 7.21 | | | |

注：巴比妥钠盐相对分子质量=206.2；0.04mol/L 巴比妥钠溶液含 8.25g 巴比妥钠/L。

**6. 柠檬酸-磷酸氢二钠缓冲液**（pH2.6～7.6）

| pH（18℃） | 0.1mol/L 柠檬酸/ml | 0.2mol/L 磷酸氢二钠/ml | pH（18℃） | 0.1mol/L 柠檬酸/ml | 0.2mol/L 磷酸氢二钠/ml |
|---|---|---|---|---|---|
| 2.6 | 89.10 | 10.90 | 5.2 | 46.40 | 53.60 |
| 2.8 | 84.15 | 15.85 | 5.4 | 44.25 | 55.75 |
| 3.0 | 79.45 | 20.55 | 5.6 | 42.00 | 58.00 |
| 3.2 | 75.30 | 24.70 | 5.8 | 39.55 | 60.45 |
| 3.4 | 71.50 | 28.50 | 6.0 | 36.85 | 63.45 |
| 3.6 | 67.80 | 32.20 | 6.2 | 33.90 | 66.10 |
| 3.8 | 64.50 | 35.50 | 6.4 | 30.75 | 69.25 |
| 4.0 | 61.45 | 38.55 | 6.6 | 27.25 | 72.75 |
| 4.2 | 58.60 | 41.40 | 6.8 | 22.75 | 77.25 |
| 4.4 | 55.90 | 44.10 | 7.0 | 17.65 | 82.35 |
| 4.6 | 53.75 | 46.75 | 7.2 | 13.50 | 86.95 |
| 4.8 | 50.70 | 49.30 | 7.4 | 9.15 | 90.85 |
| 5.0 | 48.50 | 51.50 | 7.6 | 6.35 | 93.65 |

注：柠檬酸 · $H_2O$ 相对分子质量=210.14；0.1mol/L 柠檬酸溶液含 21.01g 柠檬酸/L。
$Na_2HPO_4$ 相对分子质量=141.98；0.2mol/L $Na_2HPO_4$ 溶液含 28.40g $Na_2HPO_4$/L。
$NaH_2PO_4$ 相对分子质量=178.05；0.2mol/L $NaH_2PO_4$ 溶液含 35.61g $NaH_2PO_4$/L。

### 7. 柠檬酸-柠檬酸钠缓冲液(pH3.0～6.2)

| pH | 0.1mol/L 柠檬酸/ml | 0.1mol/L 柠檬酸三钠/ml | pH | 0.1mol/L 柠檬酸/ml | 0.1mol/L 柠檬酸三钠/ml |
|---|---|---|---|---|---|
| 3.0 | 82.0 | 18.0 | 4.8 | 40.0 | 60.0 |
| 3.2 | 77.5 | 22.5 | 5.0 | 35.5 | 65.0 |
| 3.4 | 73.0 | 27.0 | 5.2 | 30.5 | 69.5 |
| 3.6 | 68.5 | 31.5 | 5.4 | 25.5 | 74.5 |
| 3.8 | 63.5 | 36.5 | 5.6 | 21.0 | 79.0 |
| 4.0 | 59.0 | 41.0 | 5.8 | 16.0 | 84.0 |
| 4.2 | 54.0 | 46.0 | 6.0 | 11.5 | 88.5 |
| 4.4 | 49.5 | 50.5 | 6.2 | 8.0 | 92.0 |
| 4.6 | 44.5 | 55.5 | | | |

注:柠檬酸·$H_2O$ 相对分子质量=210.14;0.1mol/L 柠檬酸溶液含 21.01g 柠檬酸/L。
柠檬酸三钠·$H_2O$ 相对分子质量=294.12;0.1mol/L 柠檬酸三钠溶液含 29.41g 柠檬酸三钠/L。

### 8. 氯化钾-氢氧化钠缓冲液(pH12.0～13.0)

$X$ml 0.2mol/L KCl+$Y$ml 0.2mol/L NaOH,加水至 100ml。

| pH (25℃) | 0.2mol/L KCl /ml | 0.2mol/L NaOH /ml | pH (25℃) | 0.2mol/L KCl /ml | 0.2mol/L NaOH /ml |
|---|---|---|---|---|---|
| 12.0 | 25 | 6.0 | 12.6 | 25 | 25.6 |
| 12.1 | 25 | 8.0 | 12.7 | 25 | 32.2 |
| 12.2 | 25 | 10.2 | 12.8 | 25 | 41.2 |
| 12.3 | 25 | 12.2 | 12.9 | 25 | 53.0 |
| 12.4 | 25 | 16.8 | 13.0 | 25 | 66.0 |
| 12.5 | 25 | 20.4 | | | |

注:氯化钾(KCl)相对分子质量=74.56;0.2mol/L 氯化钾溶液含 14.919g 氯化钾/L。
氢氧化钠(NaOH)相对分子质量=40.0;0.2mol/L 氢氧化钠溶液含 8g 氢氧化钠/L。

### 9. 广泛缓冲液 (pH2.6～12.0)

每升混合液内含柠檬酸 6.008g,磷酸二氢钾 3.893g,硼酸 1.769g,巴比妥 5.266g。每 100ml 或 1000ml 混合液滴加 $X$ml,0.2mol/L NaOH 至所需 pH(18℃)。

| pH | 0.2mol/L NaOH /ml | pH | 0.2mol/L NaOH /ml | pH | 0.2mol/L NaOH /ml |
|---|---|---|---|---|---|
| 2.6 | 2.0 | 3.0 | 6.4 | 3.4 | 10.1 |
| 2.8 | 4.3 | 3.2 | 8.3 | 3.6 | 11.8 |

续表

| pH | 0.2mol/L NaOH /ml | pH | 0.2mol/L NaOH /ml | pH | 0.2mol/L NaOH /ml |
|---|---|---|---|---|---|
| 3.8 | 13.7 | 6.6 | 46.0 | 9.4 | 75.9 |
| 4.0 | 15.5 | 6.8 | 48.3 | 9.6 | 77.6 |
| 4.2 | 17.6 | 7.0 | 50.6 | 9.8 | 79.3 |
| 4.4 | 19.9 | 7.2 | 52.9 | 10.0 | 80.8 |
| 4.6 | 22.4 | 7.4 | 55.8 | 10.2 | 82.0 |
| 4.8 | 24.8 | 7.6 | 58.6 | 10.4 | 82.9 |
| 5.0 | 27.1 | 7.8 | 61.7 | 10.6 | 83.9 |
| 5.2 | 29.5 | 8.0 | 63.7 | 10.8 | 84.9 |
| 5.4 | 31.8 | 8.2 | 65.6 | 11.0 | 86.0 |
| 5.6 | 34.2 | 8.4 | 67.5 | 11.2 | 87.7 |
| 5.8 | 36.5 | 8.6 | 69.3 | 11.4 | 89.7 |
| 6.0 | 38.9 | 8.8 | 71.0 | 11.6 | 92.0 |
| 6.2 | 41.2 | 9.0 | 72.7 | 11.8 | 95.0 |
| 6.4 | 43.5 | 9.2 | 74.0 | 12.0 | 99.6 |

**10. 磷酸氢二钠-磷酸二氢钠缓冲液**（0.2mol/L，pH5.8～8.0）

| pH | 0.2 mol/磷酸氢二钠/ml | 0.2mol/L 磷酸二氢钠/ml | pH | 0.2mol/L 磷酸氢二钠/ml | 0.2mol/L 磷酸二氢钠/ml |
|---|---|---|---|---|---|
| 5.8 | 8.0 | 92.0 | 7.0 | 61.0 | 39.0 |
| 5.9 | 10.0 | 90.0 | 7.1 | 67.0 | 33.0 |
| 6.0 | 12.3 | 87.7 | 7.2 | 72.0 | 28.0 |
| 6.1 | 15.0 | 85.0 | 7.3 | 77.0 | 23.0 |
| 6.2 | 18.5 | 81.5 | 7.4 | 81.0 | 19.0 |
| 6.3 | 22.5 | 77.5 | 7.5 | 84.0 | 16.0 |
| 6.4 | 26.5 | 73.5 | 7.6 | 87.0 | 13.0 |
| 6.5 | 31.5 | 68.5 | 7.7 | 89.5 | 10.5 |
| 6.6 | 37.5 | 62.5 | 7.8 | 91.5 | 8.5 |
| 6.7 | 43.5 | 56.5 | 7.9 | 93.0 | 7.0 |
| 6.8 | 49.0 | 51.0 | 8.0 | 94.7 | 5.3 |
| 6.9 | 55.0 | 45.0 | | | |

注：$Na_2HPO_4 \cdot 2H_2O$ 相对分子质量=178.05；0.2mol/L $Na_2HPO_4 \cdot 2H_2O$ 溶液含 35.61g $Na_2HPO_4 \cdot 2H_2O$/L。
$Na_2HPO_4 \cdot 12H_2O$ 相对分子质量=358.22；0.2mol/L $Na_2HPO_4 \cdot 12H_2O$ 溶液含 71.64g $Na_2HPO_4 \cdot 12H_2O$/L。
$NaH_2PO_4 \cdot H_2O$ 相对分子质量=138.00；0.2mol/L $NaH_2PO_4 \cdot H_2O$ 溶液含 27.6g $NaH_2PO_4 \cdot H_2O$/L。
$NaH_2PO_4 \cdot 2H_2O$ 相对分子质量=156.03；0.2mol/L $NaH_2PO_4 \cdot 2H_2O$ 溶液含 31.21g $NaH_2PO_4 \cdot 2H_2O$/L。

## 11. 磷酸氢二钠-磷酸二氢钾缓冲液（0.067mol/L）

| pH | 0.067mol/L 磷酸氢二钠/ml | 0.067mol/L 磷酸二氢钠/ml | pH | 0.067mol/L 磷酸氢二钠/ml | 0.067mol/L 磷酸二氢钠/ml |
|---|---|---|---|---|---|
| 4.92 | 1.0 | 99.0 | 7.17 | 70.0 | 30.0 |
| 5.29 | 5.0 | 95.0 | 7.38 | 80.0 | 20.0 |
| 5.91 | 10.0 | 90.0 | 7.73 | 90.0 | 10.0 |
| 6.24 | 20.0 | 80.0 | 8.04 | 95.0 | 5.0 |
| 6.47 | 30.0 | 70.0 | 8.34 | 97.5 | 2.5 |
| 6.64 | 40.0 | 60.0 | 8.67 | 99.0 | 1.0 |
| 6.81 | 50.0 | 50.0 | 9.18 | 100.0 | 0.0 |
| 6.98 | 60.0 | 40.0 | | | |

注：$Na_2HPO_4 \cdot 2H_2O$ 相对分子质量=178.05；0.067mol/L $Na_2HPO_4 \cdot 2H_2O$ 溶液含 11.876g $Na_2HPO_4 \cdot 2H_2O$/L。$KH_2PO_4$相对分子质量=136.09；0.067mol/L $KH_2PO_4$ 溶液含 9.078g $KH_2PO_4$/L。

## 12. 磷酸二氢钾-氢氧化钠缓冲液（0.05mol/L）

Xml 0.2mol/L $KH_2PO_4$+Yml 0.2mol/L NaOH，加水至 20ml。

| pH（20℃） | 0.2mol/L $KH_2PO_4$/ml | 0.2mol/L NaOH/ml | pH（20℃） | 0.2mol/L $KH_2PO_4$/ml | 0.2mol/L NaOH/ml |
|---|---|---|---|---|---|
| 5.8 | 5 | 0.372 | 7.0 | 5 | 2.963 |
| 6.0 | 5 | 0.570 | 7.2 | 5 | 3.500 |
| 6.2 | 5 | 0.860 | 7.4 | 5 | 3.950 |
| 6.4 | 5 | 1.260 | 7.6 | 5 | 4.280 |
| 6.6 | 5 | 1.780 | 7.8 | 5 | 4.520 |
| 6.8 | 5 | 2.365 | 8.0 | 5 | 4.680 |

## 13. 甘氨酸-盐酸缓冲液（0.05mol/L）

Xml 0.2mol/L 甘氨酸+Yml 0.2mol/L HCl，再加水至 200ml。

| pH | 0.2mol/L 甘氨酸/ml | 0.2mol/L HCl/ml | pH | 0.2mol/L 甘氨酸/ml | 0.2mol/L HCl/ml |
|---|---|---|---|---|---|
| 2.2 | 50 | 44.0 | 3.0 | 50 | 11.4 |
| 2.4 | 50 | 32.4 | 3.2 | 50 | 8.2 |
| 2.6 | 50 | 24.2 | 3.4 | 50 | 6.4 |
| 2.8 | 50 | 16.8 | 3.6 | 50 | 5.0 |

注：甘氨酸相对分子质量=75.07；0.2mol/L 甘氨酸溶液含 15.01g 甘氨酸/L。

**14. 邻苯二甲酸氢钾-盐酸缓冲液**（0.05mol/L）

$X$ml 0.2mol/L 邻苯二甲酸氢钾＋$Y$ml 0.2mol/L HCl，再加水至 20ml。

| pH (20℃) | 0.2mol/L 邻苯二甲酸氢钾/ml | 0.2mol/L HCl/mol | pH (20℃) | 0.2mol/L 邻苯二甲酸氢钾/ml | 0.2mol/L HCl/ml |
|---|---|---|---|---|---|
| 2.2 | 5 | 4.670 | 3.2 | 5 | 1.470 |
| 2.4 | 5 | 3.960 | 3.4 | 5 | 0.990 |
| 2.6 | 5 | 3.295 | 3.6 | 5 | 0.597 |
| 2.8 | 5 | 2.642 | 3.8 | 5 | 0.263 |
| 3.0 | 5 | 2.032 | | | |

注：邻苯二甲酸氢钾相对分子质量＝204.23；0.2mol/L 邻苯二甲酸氢钾溶液含 40.85g 邻苯二甲酸氢钾/L。

## （四）常用酸碱试剂的浓度及密度

| 试剂 | 密度/($g/cm^3$) | 摩尔浓度/(mol/L) | 质量百分比浓度/% |
|---|---|---|---|
| 乙酸 | 1.05 | 17.4 | 99.7 |
| 氨水 | 0.90 | 14.8 | 28.0 |
| 盐酸 | 1.19 | 11.9 | 36.5 |
| 硝酸 | 1.42 | 15.8 | 70.0 |
| 高氯酸 | 1.67 | 11.6 | 70.0 |
| 磷酸 | 1.69 | 14.6 | 85.0 |
| 硫酸 | 1.84 | 17.8 | 95.0 |